신적 치유기도

< 석 제 113 호 >

학 위 기

성 명 : 정 병 태
3월 25일생

위 사람은 본 대학교 부흥신학대학원 석사학위과정 (부흥신학전공)을 이수하고 소정의 시험에 합격하여 신학 석사의 자격을 인정함.

2007년 2월 22일

한영신학대학교 대학원장 신학박사 강갑찬

위의 인정에 의하여 신학 석사 학위를 수여함.

2007년 2월 22일

한영신학대학교 총 장 신학박사 한영훈

학위등록번호 : 한영원2006(석) 011

Jesus as a Healer
치료자로서의 예수

속사람과 겉사람을 치유하는 기도

신적 치유기도
Divine Healing

정병태 지음

"나사렛 예수의 이름으로 이 순간 깨끗이
치유되었음을 믿습니다"

지금 예수 그리스도의 이름으로
당신의 질병을 묶고 결박하여 꾸짖고 쫓아내노라!

한사랑문화대학사

하나님이 저에게 주신 생생한 음성이다.

"대적기도, 치유기도 그리고 영적 명령기도는 성직자뿐만 아니라 하나님의 능력을 신실히 믿는 모두에게 주신 은혜이다."

오 주님,
나사렛 예수 그리스도의 이름으로 명하노니,
나의 삶을 사로잡고 있는 모든 슬픔과 두려움, 불안,
근심과 걱정, 무기력함은 당장 떠나갈지어다!
예수님의 이름으로 명하노니,
주님이 주신 치유와 권능이 간구하는 기도 위에 발휘될지어다!
십자가의 보혈을 의지하여 기름부으심의 능력을 선포하노라!
나사렛 예수 그리스도의 이름으로 이미 깨끗이 치유되었음을 믿습니다.
아멘.

■■■ 시작하는 글

영으로 함께 기도하시겠습니다.

성령님, 환영하며 의지합니다.
이 시간 길이요 진리이신 예수 그리스도 앞으로 나아갑니다.
마음과 목숨과 뜻을 다하여 하나님 아버지를 경배하며 송축합니다.
영광과 능력이 이 시간에 임하여 주옵소서.
주님, 당신의 임재가운데 임하게 하옵소서.
주님, 이 시간 주님의 영광을 맛보기를 원합니다.
그래 그 말씀으로 뜨겁게 하시고 주님을 만나게 하옵소서.
주님, 기름부어 주옵소서.
주님, 주님을 뵙고 싶습니다.
주님께 온전히 안기고 싶습니다.
주님의 온전한 치유의 은혜를 덮어주옵소서.
이 순간 이미 깨끗이 치유되었음을 믿습니다!
아멘

신적 치유와 권능

신적 치유는,
지금 주님께서 우리들을 만지시기를 원하십니다.

주님께서 세상에 오신 궁극적인 목적은 죄에 빠진 우리를 구원하시어 하나님 앞으로 인도하는 데 있습니다. 그뿐만 아니라 주님은 세상에 계시는 동안에 많은 병자들을 고치셨던 것처럼 신적 치유와 권능을 주시기 위해 오셨습니다. 육체의 병과 영적인 병도 함께 치료해 주시기를 원하십니다. 그저 믿음만을 보시고 말입니다. 그의 믿음의 선포를 들으시고 치유해 주십니다. 그러므로 지금 우리의 참된 믿음의 고백이 필요합니다. 다음의 말을 크게 따라 외칩시다. 크게 고백하십시오.

"예수님은 완전무결한 치유자이십니다!"
"주님은 지금 당신을 치료하시기를 원하십니다!"

베드로의 고백 말씀인 마태복음 16장 16절 말씀입니다. 이 말씀이 나의 고백이 될 때, 놀라운 치유의 역사가 일어납니다. 지금 믿음으로 선포하십시오. 나음의 역사가 일어납니다.

"주는 그리스도시요 살아 계신 하나님의 아들이십니다!"

계속하여 다음의 말씀을 의지하여 고백하십시오.

출애굽기 15장 26절입니다. "나는 너희를 치료하는 여호와임이라".

다음 말씀은 예레미야 30장 17절 "내가 너를 치료하여 네 상처를 낫게 하리라"는 말씀입니다. 마지막으로 말라기 4장 2절 "내 이름을 경외하는 너희에게 치료하는 광선을 비추리라"는 말씀을 주셨습니다. 이 말씀들을 영적 양식으로 섭취하시고 믿음으로 질병과 상처 앞에서 담대하게 선포하십시오.

꽤나 유명한 세계명작동화에 보면 <알리바바와 40명의 도둑>이라는 이야기가 나옵니다. 「옛날 페르시아의 어느 도시에 두 형제가 있었는데, 어느 날 동생 알리바바가 산에서 나무를 하고 있었는데, 갑자기 40명의 도둑들이 나타나서 훔쳐 온 보물을 바위 안에 넣어두는 것이었습니다. 그런데 바위 문을 열고 닫는 열쇠가 다름 아닌 "열려라, 참깨!"였죠. 그 명령을 바위를 향하여 외치는 것이었습니다.

다시 바위를 닫을 때도, 동굴 바위를 향해 "닫혀라, 참깨!"라고 명령하는 것이었습니다. 도둑이 간 후에 알리바바도 그 바위를 대고 두목의 흉내를 내어 "열려라, 참깨!"하고 명령했습니다. 그러자 바위가 움직여서 그 보물의 동굴이 나타났습니다. 그래서 그 보물을 발견한 알리바바는 큰 부자가 되었습니다.」

그런데 우리에게도 이와 같은 능력의 열쇠, 축복의 열쇠, 승리의 열쇠 그리고 치유의 열쇠와 시온의 대로를 뚫는 권세를 주셨습니다. 바로 "열려라, 참깨!"와 같은 믿음과 능력의 소리인 '에바다'의 영적인 명령인 것입니다. 이는 그 어떤 문제이든, 질병은 물론이고 부와 건강의 보물을 주시는 것입니다.

우리는 마음을 열고 믿음으로 듣고 보고 말해야 합니다. 자기 생각을 버리고 새로운 각도에서 예수님의 말씀을 들어야 합니다. 자기의 마음을 비우고 늘 "주님, 내게 은혜를 베풀어 주시옵소서." 이렇게 열린 마음으로 간절히 기도해야 합니다. 그래야 우리의 막힌 귀를 열어 주시고, 맺힌 입을 풀어 주십니다. 그리고 꼬인 문제도 해결해 주십니다. 우리도 예수님의 은혜를 힘입어 죄 사함을 받고 귀와 입이 열리고, 혀가 풀리는 은혜가 임할 것입니다.

오, 주님!
하나님, 감사합니다.
예수님, 환영합니다.
성령님, 사랑합니다.
지금 이곳에 하나님의 영광과 임재로 채워주옵소서.
주님, 치료의 광선을 비추어 주시니 감사합니다.
보혜사 성령님을 내 안에 좌정하게 하시니 감사드립니다.
예수님의 이름으로 이미 깨끗이 나음을 입었습니다. 아멘.

저자 정병태

서문

"나는 예수님의 이름으로,
 오늘 이 순간 깨끗이 치유되었음을 믿습니다."

거듭 거듭 말하지만, 본 신유의 치유기도 책을 매일 두세 번씩 큰 소리로 따라 외치면, 그 믿음대로 놀라운 초자연적인 일들이 일어납니다. 특히 신적 치유의 권세와 능력이 흘러 들어갈 것입니다. 내 몸의 치유와 삶의 재정을 포함한 모든 영역에 놀라운 능력으로 나타나게 될 것입니다. 당연히 꼬인 문제는 해결됩니다. 우리에게 있는 신적 치유의 능력을 가지고 선포했기 때문입니다.

우리의 몸은 믿고 확신에 찬 외침과 선포에 스스로 치유되는 능력을 갖추고 창조되었습니다. 더욱 놀라운 것은 스스로 따라 읽다가 은혜와 치유를 받는다는 것입니다. 특별히 『신적 치유기도』는 국내 유일의 자가 치유기도 책이며 누구나 스스로 자가 신적 치유가 가능토록 만들어진 것입니다. 그러므로 이 치유기도는 하나님이 주신 치유의 원리를 뽑아내어, 머리끝부터 발끝까지 전신 치유를 얻는 방법을 가르쳐 주고 있습니다. 분명 고침을 받을 수 있으며 나음을 입게 될 것입니다. 어떤 상처든 시공간을 초월하여 어루만져 주시는 은혜가 임합니다. 그러므로 지금 우리의 생각과 하나님의 말씀과 내 입술의 고백을 일치시키면 놀라운 초자연적 역사가 일어나고 치유를 받습니다.

지금 믿음대로 다음의 말을 선포하십시오. 하루에 30번씩 믿음의 확신을 가지고 큰 소리로 외치십시오. 그 순간 깨끗이 치유됩니다.

"나는 예수의 이름으로, 오늘 이 순간 깨끗이 치유되었음을 믿습니다."
"나는 예수의 이름으로, 오늘 이 순간 깨끗이 치유되었음을 믿습니다."
"나는 예수의 이름으로, 오늘 이 순간 깨끗이 치유되었음을 믿습니다."

이 우주 안에서 가장 강력한 것이 있다면, 현대 사회에서 가장 위대한 발견이 있다면 우리 대뇌의 언어중추신경이 모든 신체를 다 통제하며 다스린다는 것입니다. 그것이 바로 믿음의 말입니다. 그래서 기독교를 가리켜 **"위대한 고백의 종교"**라고 말하지 않습니까?

실패한 사람들, 꼬인 인생들, 절망 가운데 좌절한 사람들, 질병 가운데 놓인 사람들의 이유를 보면 원수 마귀가 좋아하는 말과 사탄이 스며드는 말을 사용함으로 자신을 묶어 버렸다는 것을 발견할 수 있었습니다. 그들은 하나 같이 자신의 입에서 나오는 말로 자기 스스로를 결박해 버립니다. 잠언 6장 2절의 **"네 입의 말로 네가 얽혔으며 네 입의 말로 인하여 잡히게 되었느니라"**고 분명히 말씀하십니다.

그리고 구원 받는 것도 입술의 고백을 통해서 이루어지는 것입니다.
우리가 익히 잘 아는 로마서 10장 10절의 말씀을 보면, "… **입으로 시**

인하여 구원에 이르느니라"고 말씀하고 있습니다. 그러므로 묶고 푸는 권세가, 치유의 능력이 다른 것에 있는 것이 아니라 바로 당신의 입술에 있음을 기억하시고 날마다 생명과 능력의 말씀을 선포하시기 바랍니다. 질병과 상처 앞에서 예수 그리스도를 증거하십시오. 구원의 확신을 믿음으로 외치십시오. 그리고 말씀을 의지하십시오.

다음의 두 성경구절의 말씀을 신뢰하며 의지합시다. 영적 말씀으로 씹어 먹으십시오. 첫 번째 말씀입니다.

"**내가 천국 열쇠를 네게 주리니
네가 땅에서 무엇이든지 매면 하늘에서도 매일 것이요
네가 땅에서 무엇이든지 풀면 하늘에서도 풀리리라 하시고**". (마 16:19)

두 번째 말씀입니다.

"**… 네 믿은 대로 될지어다**".(마 8:13)

에베소서 5장 1절은 우리에게 "**… 너희는 하나님을 본받는 자가 되고**" 라고 말씀하십니다. 여기 "본받는 자"라는 말의 헬라어 원어적 의미를 보면 '모방한다'라는 뜻입니다. 만일 아이가 아버지를 모방한다면 아버지처럼 걷고, 말하고, 행동해서 그의 모든 동작을 아버지가 하는 대로 따라 할 것입니다. 그러므로 우리는 우리의 아버지인 하나님을 따라 그대로 모방하여 행해야 합니다. 마치 하나님처럼 말하고 행동하면 기적은 내 것이 됩니다.

하나님은 말씀의 선포를 통해 우리의 신체를 변화시킵시다.

하나님이 아브라함과 사라의 이름을 바꾸신 것은 선포의 능력을 보여주신 것입니다. 선포하심으로 열국의 아버지가 되었고, 열국의 어머니가 되었습니다. 그리고 믿음의 외침대로 99세에 자녀로 이삭을 주셨습니다.

믿음을 가지고 하나님의 말씀이 선포할 때, 그 말씀은 곧 능력으로 나타납니다.

하나님의 말씀이 선포될 때, 곧 실재가 됩니다. 다음의 이사야 55장 11절 말씀을 보십시오. "내 입에서 나가는 말도 이와 같이 헛되이 내게로 되돌아오지 아니하고 나의 기뻐하는 뜻을 이루며 내가 보낸 일에 형통함이니라".(내 입에서 나가는 말도 그 받은 사명을 이루어 나의 뜻을 성취하지 아니하고는 그냥 나에게로 돌아오지는 않는다._공동번역서)

(so is my word that goes out from my mouth: It will not return to me empty, but will accomplish what I desire and achieve the purpose for which I sent it. _NIV 사 55:11)

하나님의 말씀이 깊은 은혜가 되고 숙성되어 우리의 언어가 될 때, 그 언어는 놀라운 능력으로 발휘됩니다. 우리의 언어가 하나님의 말씀과 일치해서 반복될 때, 새로운 창조의 역사가 일어납니다. 뿐만 아니라 신체에 변화를 일으키며 미래에 변화를 일으킵니다.

말씀과 일치될 때 치유가 일어납니다.

빠라의 하나님

우리 하나님은 무(無)에서 유(有)를 창조하시는 "빠라의 하나님"이십니다.

창세기 1장 1절 "하나님이 태초에 천지를 창조하시니라"에서 "창조하시다"라는 말은 우리의 하나님은 히브리어 "빠라"의 하나님이시라는 것의 번역입니다. 즉 무(無)에서 유(有)의 창조, 아무것도 없는 무에서 가능케 하시는 능력의 하나님이십니다.

바로 창조적인 능력은 예수님의 이름의 믿음을 가지고 긍정적인 생각과 하나님의 말씀과 입술의 고백이 완전 일치가 이루어질 때, 놀라운 창조적인 기적과 초자연적인 치유가 나타나는 것입니다. 이 때 무(無)에서 유(有)의 창조 역사가 일어나고 치유가 나타납니다.

다음의 3가지의 일치가 있을 때 더욱 강력한 역사가 나타납니다.

그 신적치유와 기적의 원리는 아래와 같습니다.

【 기적과 치유의 원리 】

> ① 긍정적인 생각 + ② 하나님의 말씀 + ③ 입술의 고백
> => [초자연적 치유와 기적이 나타남]

하나님이 세상을 창조하신 원리를 보면, 다른 것이 아닌 오직 말씀 한 마디로 창조하셨습니다. 창세기 1장 말씀을 보십시오. 창조시에 "빛이 있으라!" 명령하시니 곧바로 빛이 창조되었습니다.(창 1:3)

우리가 잘 아는 <리더스 다이제스트> 잡지의 한 호에 "환자가 제일 잘 안다"라는 제목의 기사에 다음과 같이 내용이 실렸습니다.

"당신의 건강 상태는 좋습니까? 아니면 좋지 않습니까?" 라는 질문에 그 사람이 어떻게 대답하느냐가 다음 4년 동안에 그가 살 것인지 아니면 죽을 것인지를 거의 정확하게 예측해 준다는 새로운 연구결과가 나왔습니다. 또 다른 기사를 간단히 정리해 전합니다.

65세의 이상의 남녀 2,800명을 조사 연구한 바에 의하면 자신의 건강을 '좋지 않다'고 말한 사람들은 자신의 건강을 '더할 나위 없이 좋다'고 말한 사람들보다 사망할 확률이 4~5배 더 높다고 합니다. 그러므로 누군가가 내게 몸의 건강 상태가 어떠냐고 묻는다면 걱정하지 마시고 언제나 "나는 최고로 좋습니다!" "난 건강합니다."라고 믿음으로 대답하시기 바랍니다. 내 몸은 나의 고백대로 이루어집니다. 믿음의 말은 그대로 작동하기 때문입니다.

이것을 하나님의 말씀 잠언 18장 21절 말씀을 통해 다시 확증해 줍니다. "죽고 사는 것이 혀의 힘에 달렸나니 혀를 쓰기 좋아하는 자는 혀의 열매를 먹으리라". 빠라의 하나님은 무에서 유를 창조하시는 분으로서 그 믿음을 갖고 말씀을 의지하여 고백하는 곳에 초자연적인 기적과 치유가 일어납니다.

하나님의 말씀을 씹어 복용하라

물리적인 의학은 육신의 몸에 약을 투여함으로써 육신적인 수단을 통해 치유를 촉진합니다. 그러나 영적 의사이신 하나님께서는 치유하는 신유의 말씀을 복용함으로 영을 통하여 치유하는 것입니다. 그러므로 우리 안에 성령으로 가득 충만해질 때, 놀라운 치유의 역사가 일어납니다. 다음은 관련된 말씀입니다. 시편 107편 20절 말씀과 고린도전서 2장 12절 말씀입니다.

"그가 그의 말씀을 보내어 그들을 고치시고 위험한 지경에서 건지시는 도다".(시편 107:20)

"우리가 세상의 영을 받지 아니하고 오직 하나님으로부터 온 영을 받았으니 이는 우리로 하여금 하나님께서 우리에게 은혜로 주신 것들을 알게 하려 하심이라".(고전 2:12)

따라서 받은 치유를 계속 유지하기 원한다면 스스로 하나님의 말씀을 지속적으로 씹어 먹어야 합니다. 영적으로 복용해야 합니다. 왜냐하면 마귀가 오는 것 중의 하나가 우리의 건강을 빼앗으려고 오기 때문입니다. 요한복음 10장 10절은 "도둑이 오는 것은 도둑질하고 죽이고 멸망시키려는 것뿐이요 내가 온 것은 양으로 생명을 얻게 하고 더 풍성히 얻게 하려는 것이라"고 하셨습니다. 질병은 하나님이 주시는 것이 아니라 사탄 마귀가 주는 것입니다. 물론 모든 질병이 사탄 마귀로 인한 것은 아니지만 우리는 보혈의 능력을 의지하여 힘있게 구원 받은 하나님의 자녀임을 선포해야 합니다. 이렇게 말입니다.

나는 하나님의 자녀이다. 자녀의 특권으로 명한다. 예수님의 이름으로, 악한 영을 쫓아내노라, 지금 당장 떠나라!
사탄 마귀는 당장 나가라!

하나님의 말씀은 영적으로 약과 똑같습니다. 그러므로 약을 큰 소리로 고백하고 선포해야 합니다. 재차 강조하지만 믿음으로 외친 말씀은 반드시 성취됩니다. 치유의 말씀이 계속 선포되면 질병의 세력은 힘을 쓸 수 없습니다. 그러므로 이 <신적 치유지침서>를 평상시에 가까이 하여 지속적으로 읽고, 묵상하고, 고백하고, 선포하십시오. 날마다 말씀을 읽고 믿어 복용하십시오. 그리고 내 가슴에 와 닿는 말씀은 되새기어 먹고 그러므로 영이 튼튼해져서 이 땅의 모든 질병으로부터 치유 받고 온전한 건강으로 회복될 것입니다.

스트롱이 편찬한 『새성구 대사전』에 의하면 잠언 4장 22절 "그것은 얻는 자에게 생명이 되며 그의 온 육체의 건강이 됨이니라"에서 "건강"으로 번역된 히브리어는 실상 "약(medicine)"이라는 뜻입니다. 그래서 이 구절을 다른 말로 표현하면, "… 하나님의 말씀(그것)은 얻는 자에게 생명이 되며 그 온 육체의 약이 됨이니라"가 된답니다.

다음은 같은 말씀을 공동번역 성경으로 보겠습니다.

"아들아, 내 말을 명심하고 내가 이르는 말에 귀를 기울여라.

네 눈앞에서 떠나지 않게 마음속 깊이 간직하여라.

이 말은 받은 사람에게 생명이 되어 온몸에 생기를 돋우어준다."

그리고 잠언 20장 20~21절에 나오는 성경 구절의 "주의하며"라는 말의 뜻은, 다음의 세 가지의 의미를 가지고 있습니다.

「"내 아들아 내 말에 주의하며 내가 말하는 것에 네 귀를 기울이라

그것을 네 눈에서 떠나게 하지 말며 네 마음 속에 지키라

그것은 얻는 자에게 생명이 되며 그의 온 육체의 건강이 됨이니라"

첫째는, 그것은 하나님의 말씀을 첫 자리에 둔다.

둘째는, 하나님의 말씀을 잘 들으라.

셋째는, 하나님의 말씀을 우리 마음 속에 간직하라.」

그러므로 하나님의 말씀은 당신의 온 육체에 약이 됩니다. 암, 질병, 관절염, 위장병, 혈액병, 휘귀병, 통증조차도 또한 여기 논하지 않은 기타 모든 질병에 효력이 있다는 뜻입니다. 그리고 여기서 하나님의 말씀을 복용하라는 의미는, 마치 약사를 믿고 약을 복용하듯이 말씀을 믿고 의지하여 큰 소리로 고백하고 선포하는 것을 말합니다.

【 실전 선포기도하기 】

> 믿음으로 말씀을 복용합시다. 그리고 고백하십시오. 치유가 일어날 것입니다. 반복적으로 여러 번 선포하십시오.
>
> **나는 하나님의 말씀을 내 삶의 첫 자리에 둡니다.**
>
> **하나님의 말씀은 나의 온 육체에 약이 됩니다.**
>
> **나는 내 자신이 건강한 것을 봅니다.**
>
> **예수의 이름으로 이 순간 깨끗이 치유되었음을 믿습니다.**
>
> **나의 통증(병명)은 사라질지어다.**
>
> **예수님의 이름으로 명하노니, 모든 암세포는 내 몸에서 사라질지어다.**
>
> **나는 하나님의 자녀로서 건강하다!**
>
> **예수의 이름으로 명하노니 악한 영아 떠나라!**

■■■ 차례

시작하는 글 • 6
신적 치유와 권능 • 7
서문 • 10

01 실제적인 치유기도 공식 익히기 … 26

먼저 실제적인 믿음을 키워라 • 27
치유기도 방법의 8가지 기본 공식 • 33
1. 치유기도 기본 공식- 치유기도 방법의 모델 • 34
2. 치유기도 기본 공식- 명령형 동사 익히기 • 35
3. 치유기도 기본 공식- 성삼위 하나님의 치유능력으로 치유하기 • 37
4. 치유기도 기본 공식- 사탄의 활동영역 묶기 • 38
6. 치유기도 기본 공식- 육신의 질병 사역하기 • 39
7. 치유기도 기본 공식- 말씀을 적용하여 사역하기 • 40
8. 치유기도 기본 공식- 마음의 병 사역하기 • 41

02 실전, 신적 치유사역하기 … 43

실제적으로 하나님의 치유 능력으로 치유하는 기도 • 44
▶ 암 환자를 치유하는 기도 • 46
▶ 질병을 치유하는 기도 • 47

03 머리끝부터 발끝까지 신적 치유 이야기 … 50

나사렛 예수 이름으로 명하노니, 일어나 걸으라! • 52

04 육적 치유기도
　　　이제 육적 치유기도에 들어가겠습니다 … 64

육적 치유기도 • 66
1 머리 〈뇌〉를 치유하겠습니다 • 68
2 〈눈〉을 치유하겠습니다 • 71
3 〈목〉을 치유하겠습니다 • 75
4 〈코와 입, 귀〉를 치유하겠습니다 • 76
5 〈목 앞쪽〉을 치유하겠습니다 • 77
6 〈심장〉을 치유하겠습니다 • 78
7 〈폐〉를 치유하겠습니다 • 79
8 〈가슴〉을 치유하겠습니다 • 79
9 〈위〉를 치유하겠습니다 • 80
10 〈간〉을 치유하겠습니다 • 81
11 〈신장〉을 치유하겠습니다 • 82
12 〈허리〉를 치유하겠습니다 • 82
13 〈아랫배〉를 치유하겠습니다 • 83
14 〈무릎〉을 치유하겠습니다 • 84
15 〈발목, 발바닥, 발〉에 있는 병 치유하겠습니다 • 85

05 내적 치유기도
　　　이제 내적 치유기도에 들어가겠습니다 … 87

1 우울함과 무기력함이 주는 문제들 • 89
2 그동안 불안감과 쫓김이 주는 상처들 • 91
3 분노와 복수심이 주는 상처들 • 92
4 가계로 내려오는 상처들 • 93
5 내 부모로부터 받은 내 상처들 • 95

6 형제 자매로부터 받은 상처들 • 96
7 자식으로부터 받은 상처들 • 97
8 부부지간에 주고받은 상처들 • 98
9 복잡한 사회생활, 동료들로부터 주고받은 상처들 • 99
10 교회 성도와 목사님과 주고받은 상처들 • 100
11 유전적, 생물학적, 환경적인 요인으로 발생하는 우울증 • 101
12 거부감, 왕따, 열등감, 죄의식, 수치 • 101
13 내가 상처 준 사람들을 용서하는 기도 • 103
14 우상숭배, 미신, 굿, 점, 주문, 이단집회 참여, 사술을 끊는 기도 • 104

06 암, 불치병을 파쇄하는 치유기도 … 106

암, 불치병을 치유하기 위한 기본공식 기도문 • 107
암, 불치병을 치유하겠습니다 • 111
암을 파괴하는 T 임파구 • 114

1 암으로 오는 모든 질병과 통증을 파쇄하는 기도 • 115
2 암 종양을 파쇄하는 기도 • 117
3 암 세포와 조직을 다스리는 기도 • 118
4 암, 종양이 생기도록 방치한 것을 회개하는 기도 • 119
5 마음의 병 치료하는 기도 • 121
6 병이나 질환이 내 몸에 들어오는 것을 금하는 기도 • 122
7 감사와 칭찬의 말로 암 치료하는 기도 • 123
8 종양과 종기를 치료하는 기도 • 125
9 면역체계 치료 기도 • 125
10 뼈와 골수 치료기도 • 126
11 관절염 치료기도 • 127
12 동맥 세포 치료기도 • 127

13 위궤양을 치료기도 • 128
14 두통, 어지러움 치료기도 • 128
15 심장 치료기도 • 129

07 영적 인물별 창조적 능력과 전투적 기도 ⋯ 131

영적 인물별 능력의 전투적 기도 • 132
캐트린 쿨만(Kathryn Kuhlman) • 133
신디 제이콥스(Cindy Jacobs) • 135
베니 힌(Benny Hinn) • 137
피터 와그너(C.Petr Wagner) • 138
메릴린 히키(Marilyn Hickey) • 139
찰스 H. 크래프트(Charles H. Kraft) • 142
토마스 E. 타스크(Thomas E. Trask) • 144
켄 가디너(Ken Gardiner) • 145
프란시스 맥너드 • 146
캔 손버그 • 147
찰스 피니 • 148
앤드류 머레이 • 150
정병태 목사 • 151

08 신적인 치유의 법칙 ⋯ 153

열등감, 콤플렉스(complex) 치유하기 • 156
하나님의 말씀 치료법 • 158
치유의 권세를 주장하라! • 163
입으로 시인해서 구원에 이르라! • 165

초자연적인 치유 능력 메시지 • 168
베드로와 바울의 강력한 치유의 메시지 따라 명령하기 • 172
능력의 말로 스트레스 치료하기 • 174

09 실질적인 치유사역의 계시적 기도하기 ⋯ 180

1 치유기도의 시작 • 181
2 대적기도 치유기도의 사용 • 182
3 귀신을 쫓아내라 • 183
4 귀신은 항복한다 • 184
5 우리에겐 권세가 있다 • 185
6 대적기도, 치유기도 사역의 준비단계 • 186
7 예수 그리스도의 이름으로 선포 • 189
8 청소하는 사역기도 • 190
9 성령의 초청기도 • 191
10 분노와 혈기 다스리는 기도 • 191
11 치유 선포 기도 • 192
12 자유 선포 기도 • 193
13 음성 듣기를 원하는 기도 • 193
14 교통을 위한 기도 • 194
15 치유받아야 할 이유 • 194
16 주님이 시공간을 초월하는 능력의 계시해 주십시다 • 195
17 주님, 나에게 기회를 주시옵소서 • 196
18 성령님, 내 안에 좌정하여 주옵소서 • 196
19 치유자이신 예수님! • 197
20 영혼 구원을 원하십니다 • 198
21 주님의 기적을 사모하는 자녀들에게 기적을 베풀어 주옵소서 • 198
22 주님께서 채찍을 받음으로 내가 나음을 입었습니다 • 199

23 지금 통증으로 힘들어하는 자를 치유해 주시고 있습니다 • 199
24 지금 주님과의 관계 회복이 필요합니다 • 200
25 말씀을 의지함으로 기도하세요 • 201
26 성령님을 의지합니다 • 202
27 성령님, 임하여 주옵소서 • 202
28 선포하고 믿음 갖기 • 203
29 성령님은 무소부재하심으로 역사하십니다 • 204
30 지금 믿음으로 취하는 자들이 있사오니 • 204
31 예수만이 치유자이십니다 • 205
32 하나님의 영광을 위해 치유되기를 원합니다 • 206
33 주님의 영으로 말합니다 • 206
34 걸음의 회복이 치유되었습니다 • 207
35 눈을 감고 편안하게 기도하세요 • 208
36 하나님은 병의 종류와 관계없이 치료해 주십니다 • 208
37 두 손을 들고 기도하세요 • 209
38 실제 기도 따라하기 • 210

부록 1 성경 암송의 구체적인 비법 ⋯ 217

치유와 능력의 말씀을 운반하는 성경말씀 • 219
말씀 암송의 능력 • 223

부록 2 각 신체의 기능 ⋯ 231

폐 232　　　　　　심장 233
간 234　　　　　　신장·콩팥 235

01
실제적인
치유기도 공식 익히기
예수의 이름으로 꾸짖고 묶고 쫓아내고 명령한다

영으로 함께 기도하겠습니다.

예수님, 사랑합니다. 성령님, 기대합니다.
이곳에 하나님의 영광과 임재가 있기를 기도합니다.
하나님의 영광이 임할지어다.
믿음으로 예수를 만나기를 원합니다.
내 안에 생수의 강이 흘러넘칠지어다.

주님, 지금 믿음으로 무거운 짐들을 내려놓겠습니다.
예수의 이름으로 명하노니, 무거운 짐들은 떠나갈지어다.

주의 사랑으로 모든 얽히고 꼬인 멍애는 모두 끊어질지어다.
주님, 나에게 있는 좌절, 포기, 절망, 낙망, 정죄 모두 떠나가게 하옵소서.

예수 그리스도의 이름으로 새롭게 되었습니다.
건강하게 되었습니다. 소생되었습니다.
소망을 이루었습니다. 회복되었습니다.

예수 그리스도의 이름으로 더러운 질병아, 떠나가!
세포, 조직, 혈육, 근육, 뼈, 신경, 관절 들이 온전케 될지어다.
예수 그리스도의 이름으로 명하노니,
휘어진 척추, 목 디스크는 원위치로 돌아가라.
움직이어, 온전케 될 지어다.
혈압, 당뇨, 췌장의 기능은 온전케 될지어다.
예수님의 이름으로 기도했습니다.
아멘.

먼저 실제적인 믿음을 키워라

치유기도를 하기 위해서는 먼저 성령님을 간절히 갈망하고 의지하며 초청하는 기도와 함께 하나님의 임재(영광)를 구하는 기도를 해야 됩니다. 회개의 기도를 드리고 말씀의 능력으로 충만해야 합니다. 그래야 예수의 이름으로 문제와 질병을 꾸짖고 묶고 쫓아내고 명령할 때 놀라운 효력이 나타납니다.

  그리스도인이 자신의 실제 삶의 현장에서 치유기도를 언제 어디서나 자신 있게 사용할 수 있도록 그 구체적인 방법을 다루어보겠습니다. 무엇을 하든지 다음의 훈련의 방법을 익히면 당신도 영적 치유사역자가 되어 악한 사탄 마귀를 꾸짖고 쫓아낼 수 있습니다. 아래의 치유기도 수칙과 순서 그리고 공식을 자신의 마음 속에 확신하는 믿음이 올 때까지, 계속하여 반복해서 읽고 외치고 연습해야 합니다. 그래야 예수 그리스도의 이름으로 힘입어 사역할 때 놀라운 치유의 경험을 하게 됩니다. 또한 모든 치유는 절대적으로 믿음과 비례됩니다. 그래서 그저 흉내 내는 기도로는 절대 효력이 없습니다.

사도행전 19:13~16

[13]이에 돌아다니며 마술하는 어떤 유대인들이 시험삼아 악귀 들린 자들에게 주 예수의 이름을 불러 말하되 내가 바울이 전파하는 예수를 의지하여 너희에게 명하노라 하더라 [14]유대의 한 제사장 스게와의 일곱 아들도 이 일을 행하더니 [15]악귀가 대답하여 이르되 내가 예수도 알고 바울도 알거니와 너희는 누구냐 하며 [16]악귀 들린 사람이 그들에게 뛰어올라 눌

러 이기니 그들이 상하여 벗은 몸으로 그 집에서 도망하는지라

그렇습니다. 온전한 일치가 있을 때 역사하며 치유가 일어나는 것입니다. 능력을 발휘할 수 있습니다. 그러므로 확고한 믿음을 가지고 긍정적인 생각과 하나님의 말씀과 입술의 고백이 완전 일치가 이루어질 때, 놀라운 기적과 표적이 그리고 치유의 역사가 일어나는 것임을 잊지 맙시다. 그저 입술의 선포만 하였다고 하여 능력이 나타나는 것은 절대 아닙니다.

먼저 성령 안에서 하나님의 나라와 의를 구해야 하고 성령 충만함의 상태를 유지해야 합니다. 그렇지 않고는 마치 제사장 스게와의 아들들처럼 그저 흉내 내는 기도를 할 뿐입니다. 믿음 없이 시험삼아(행 19:13) 제사장 스게와의 아들들은 악귀 들린 자들에게 예수의 이름으로 나오라고 명령했으나 이래 귀신들린 자들에게 당하여 큰 수모를 당하고 도망을 가는 신세가 되었음을 잘 알고 있습니다.

그 이유는 하나님과의 자녀 관계가 바르게 성립되지 않은 상태에서 사역을 했기 때문입니다.

어느 날 변화 산에서 내려 오셨던 예수님은 간질로 고생하는 어떤 사람의 아들의 병을 고치지 못하고 쩔쩔매는 제자들을 향하여 "믿음이 적다"고 책망하였습니다.

마태복음 17:17~20

¹⁷예수께서 대답하여 이르시되 믿음이 없고 패역한 세대여 내가 얼마나 너희와 함께 있으며 얼마나 너희에게 참으리요 그를 이리로 데려오라 하시니라 ¹⁸이에 예수께서 꾸짖으시니 귀신이 나가고 아이가 그 때부터 나으니라 ¹⁹이 때에 제자들이 조용히 예수께 나아와 이르되 우리는 어찌하여 쫓아내지 못하였나이까 ²⁰이르시되 너희 믿음이 작은 까닭이니라 진실로 너희에게 이르노니 만일 너희에게 믿음이 겨자씨 한 알 만큼만 있어도 이 산을 명하여 여기서 저기로 옮겨지라 하면 옮겨질 것이요 또 너희가 못할 것이 없으리라

먼저 우리 그리스도인들이 하나님의 자녀로써 권세와 능력을 갖고 있는 소유자임을 확실히 깨닫는 것이 중요합니다. 확신이 없다면 말씀을 묵상하고 기도하며 확신하는 믿음이 와 닿을 때까지 지속적으로 말씀을 묵상하고 기도해야 합니다.

예수 그리스도의 희생으로 구원을 받았고, 그러므로 성령이 내 안에 내재하고 계시며, 예수 그리스도의 이름이 지닌 권세(authority)와 능력(power)을 소유한 하나님의 자녀임을 확실히 믿어야 합니다.

특히 내가 하나님의 자녀임을 믿어야 하고 모든 치유의 능력을 믿어야 합니다. 그리고 베드로의 고백이 나의 고백이 되어야 합니다. "**주는 그리스도요 살아계신 하나님의 아들**"이다.(마 16:16) 그리고 말씀으로 현

존하시는 하나님의 말씀을 외우고 암송해야 합니다. 다음의 세 말씀을 신실히 암송해야 합니다. 치유함을 향해 나아가기 위해서 필히 중요한 말씀이기 때문입니다. 쓰면서 외우시고 결국은 말씀의 의미를 자유롭게 선포할 수 있어야 합니다.

말씀으로는 이사야 53:5, 마태복음 8:17, 베드로전서 2:24의 말씀입니다.

이사야 53:5

그가 찔림은 우리의 허물 때문이요 그가 상함은 우리의 죄악 때문이라 그가 징계를 받으므로 우리는 평화를 누리고 그가 채찍에 맞으므로 우리는 나음을 받았도다

마태복음 8:17

이는 선지자 이사야를 통하여 하신 말씀에 우리의 연약한 것을 친히 담당하시고 병을 짊어지셨도다 함을 이루려 하심이더라

베드로전서 2:24

친히 나무에 달려 그 몸으로 우리 죄를 담당하셨으니 이는 우리로 죄에 대하여 죽고 의에 대하여 살게 하려 하심이라 그가 채찍에 맞음으로 너희는 나음을 얻었나니

위 말씀을 외우고 암송함으로 담대함과 암송의 은혜를 부어 주십니다. 그래서 사도 바울은 골로새 교인들에게 보낸 편지 가운데 우리 그리스도인들이 반드시 실천해야 능력과 권세의 공식을 말해주고 있습니다. 우리가 확고한 치유의 권능을 체험하고자한다면 반드시 예수의 이름을 힘입어 선포해야 합니다. 그리고 다음의 말씀을 하나 더 외워야 합니다.

골로새서 3:17

또 무엇을 하든지 말에나 일에나 다 주 예수의 이름으로 하고 그를 힘입어 하나님 아버지께 감사하라

위 말씀에서 "무엇을 하든지" 간에 모두 "예수님의 이름으로" 하라는 말입니다. 또한 "그를 힘입어"는 예수 그리스도의 이름이 주는 권세와

<u>능력을 힘입으라는 것입니다.</u>

성령님이 우리와 함께하시면 우리에게는 질병과 귀신을 쫓아낼 권세와 능력을 주십니다. 그러기 위해서는 믿음이 필요합니다. 여기 가르침대로 예수님이 하셨던 것처럼 담대히 귀신을 꾸짖고 쫓아내고 명령하십시오. 반드시 믿음의 내 입술로 선포해야 됩니다.

치유기도 방법의 8가지 기본 공식

다음의 치유기도 사역 모델은 반드시 암기해 주시기 바라며, 또 자신이 직접 다양한 방법 등으로 훈련해 봄으로써 언제 어디서나 자신 있게 예수 그리스도의 이름으로 치유 사역을 감당할 수 있습니다. 상황과 여건에 맞게 치유사역을 발휘할 수 있습니다.

이 치유기도 사역 역시 확고한 믿음을 가지고 말씀에 의지한 치유기도 연습과 훈련이 없이는 그 무엇도 할 수 없습니다. 그러므로 충실히 나를 통해 하나님의 영광과 하나님 나라 확장에 쓰임 받는 도구가 되게 하심을 감사드려야 합니다.

그래서 치유기도 방법들을 익히게 되면 당신의 삶의 여러 가지 영역에 다양하게 적용하여 사용할 수 있습니다. 다만 실용적인 치유기도 사례는 실제편에서 참고해 주시기 바랍니다.

1. 치유기도 기본 공식 – 치유기도 방법의 모델

(　　)아,
내가 예수 그리스도의 이름으로 네가 명하노니,
(　　)에게서 떠나갈지어다.

(　　)아,
내가 예수 그리스도의 피로 명령하노니,
하나님의 자녀로부터 떨어져라
그리고 주님이 상처를 치유해 주실 것이다.
당장 (　　)에게서 떠나갈지어다.

내가 너 (　　)에게 명령한다.
예수 그리스도의 이름으로 꾸짖고 묶노니 그녀에게 고통을 주지 말지어다.
당장 (　　)에게서 떠나갈지어다.

예수님의 이름으로 너 (탐욕, 분노)의 영에게 명령하노니,
(　　)에게서 물러갈 지어다!

내가 예수 그리스도의 이름으로 명령하노니,
(　　)은 (　　)할지어다.

> 내가 예수 그리스도의 이름으로 축복하노니,
> (   )은/는 (   )하게 될지어다.

> 내가 예수 그리스도의 이름으로 명하노니,
> (   )을 묶고 있는 (   )은/는 영원히 떠나갈지어다.

2. 치유기도 기본 공식 – 명령형 동사 익히기

　악한 영들을 추방하고 치유사역을 필히 위해서는 다양한 영적 명령형 어휘를 사용할 줄 알아야 합니다. 명령형 동사를 상황에 가장 알맞은 것을 선포할 때에 효력은 더욱 배가가 됩니다. 적절히 문장을 만들어 완성된 명령형 동사를 사용해 보시기 바랍니다. 크게 선포하시고 외치십시오. 다음의 영적 추방 사역 어휘 동사를 사용하는 순간 놀라운 치유와 역사가 일어납니다.

- 꾸짖다.
- 떠나다.
- 축복 받을지어다.
- 가다.
- 쫓아내다.
- 끊어질지어다.
- 떠나갈지어다.
- 파쇄하노라.
- 마를지어다.
- 파기하노라.
- 취소하노라.
- 나올지어다.
- 중지하노라.
- 무효화하노라.
- 치유될지어다.

- 차단한다.
- 주장한다.
- 멈출지어다.
- 봉쇄한다.
- 예수의 피로 덮는다.
- 떼어질지어다.
- 명령하노라.
- 꾸짖노라.
- 버리다.
- 쫓아내노라.
- 가라.
- 물러갈지어다.
- 소멸될지어다.
- 말라비틀어질지어다.
- 죽을지어다.
- 용서하노라.
- 회복될지어다.

- 일어나 걸을지어다.
- 나을지어다.
- 효력을 정지하노라.
- 위로하신다.
- 형통할 것이다.
- 건짐을 받았노라.
- 평강할지어다.
- 협력할 지어다.
- 소성하게 될지어다.
- 속량할 지어다.
- 영생을 줄지어다.
- 선포하노라.
- 변제될지어다.
- 사라질지어다.
- 순종할지어다.
- 팔릴지어다.
- 들을지어다.

- 갚을지어다.
- 당장 꺼질지어다.
- 해방될지어다.
- 결박하다.
- 제어하다.
- 항복시킨다.
- 떨어뜨린다.
- 상하게 하다.
- 무장 해제하다.
- 승리하다.
- 고치다.
- 대적하다.
- 씨름하다.
- 고치다.
- 멸하다.
- 감옥에 가두다.
- 영광에 임할지어다.

이를테면,

예수 그리스도의 이름으로 (이름)을 묶고 있는 (우울증)의 영은 지금 당장 떠날지어다!

예수님의 이름으로 명하노니, 나는 내가 자신에게, 내 몸에 나의 어떤 한 부분에 붙어 있는 모든 (더러운 영)를 파쇄하노라.

3. 치유기도 기본 공식 — 성삼위 하나님의 치유능력으로 치유하기

내가 예수 그리스도의 이름으로 기도하오니,
(   )의 (   )의 근원을 하나님의 말씀의 검으로 도려내 주시고, 예수의 피로 씻어 주옵시고,
성령의 치료하는 광선과 불로 태우고 소멸하여 주시옵소서.

▶ 죄악의 근원을 파괴하고 마르게 하는 기도 방법

내가 예수 그리스도의 이름으로 기도하고 명령하노니,
(   )의 (   )의 근원은 파괴되고 마를지어다.

▶ 악한 영을 축귀하는 기도 방법

내가 예수 그리스도의 이름으로 꾸짖고 묶노니,
나를 붙잡고 있는 악한 영은 이제 결박되어 (   )게서 영원히

떠나갈지어다.

▶ **축복의 말씀으로 채우는 기도 방법**

내가 예수 그리스도의 이름으로 축복하노니,
(   )은/는 성령으로 충만하게 될지어다.

4. 치유기도 기본 공식 — 사탄의 활동영역 묶기

사탄의 법적권리인 활동영역을 묶고 결박하여 꾸짖어 쫓아냅니다. 그 공식을 아래와 같습니다.

예수 그리스도의 이름으로 명하노니,
내가, (사탄의 활동영역)
사탄의 활동영역 : (모든 맹세, 헌신, 저주, 죄, 참상, 질병, 고통, 실패, 상처, 파괴, 전쟁 등)
지금 파기하노라. 묶고 결박하노라.

5. 치유기도 기본 공식   - 악한 영의 이름을 부른다

사탄이 언제 정체를 드러나느냐면, 바로 자신의 이름을 정확하게 지적하여 불러낼 때입니다.

(*악한영의이름*) 아!
예수 그리스도의 이름으로 명하노니,
내가 (*악한영의이름*)를 결박한다!

혈기와 분노의 영아!
내가, 예수 그리스도의 이름으로,
너희를 묶고 결박한다. 당장 떠날지어다.

6. 치유기도 기본 공식   - 육신의 질병 사역하기

육신의 질병에 대하여 치유기도를 할 때는 구체적인 질병의 명칭을 밝히는 것이 중요합니다.

내가 예수 그리스도의 이름으로 명하노니,

(내담자의 이름)을 괴롭히고 고통스럽게 하는
(구체적인 질병의 명칭)은
(내담자의 이름)의 몸에서 떨어질지어다. 떠나갈지어다. 사라질지어다.

내가 예수 그리스도의 이름으로 선포하노라.
예수님께서 친히 (이름)의 질병을 짊어지고,
십자가에 못 박히셨으므로
(이름)이 지금 나음을 입었음을 선포하노라.
(이름)을 아프게 하는
(구체적인 질병 명)이 (이름)의 몸에서 사라질지어다!

7. 치유기도 기본 공식 – 말씀을 적용하여 사역하기

강력한 말씀을 적용하여 사용하는 것이 최고의 능력입니다. 필요한 말씀을 적절히 적용하여 치유사역에 활용하십시오.

성경 _____ 장 _____ 절의 말씀에 의거하여
나는 (환자의 이름을 부르며)가,

지금 나음을 입었음을 선포하노라.
아픈 곳에 우리 주 그리스도의 보혈을 덮고 치유되고 온전히 깨끗하게 되었음을 예수 그리스도의 이름으로 선포하노라.

▶ **말씀의 적용**

> 사 53:4, 마 8:17, 벧전 2:24, 막 16:17-18, 약 5:1, 고후 5:17, 렘 29:11, 시 42:5, 벧전 5:7-8, 고후 10:4-5, 빌 4:6-7, 롬 8:1, 고후 4:7-11, 요 8:32

8. 치유기도 기본 공식 – 마음의 병 사역하기

내적치유 사역에서도 중요한 것은 내담자의 구체적인 병명을 밝히는 것입니다.

내가 예수 그리스도의 이름으로 명하노니,
(이름)을 묶고 있는, (이름)을 괴롭히고 고통스럽게 하는,
(마음의병명)는 (이름)의 마음에서 영원히 떠나갈 지어다!

내가 예수 그리스도의 이름으로 명하노니,

(이름)을 사로잡고 있는 모든 불안(근심, 걱정, 염려, 두려움, 수치심, 거절감, 열등감, 우울증, 스트레스, 쓴 뿌리, 깊은 상처 등)아,
(이름)의 영혼에서 영원히 떠나갈지어다.
(이름)은 더 이상 너희에게 묶여 있지 않음을 예수 그리스도의 이름으로 선포하노라.

02
실전,
신적 치유사역하기

　이 실제적인 이기는 치유기도에는 실질적인 치유기도가 실여있으며 이 기도를 실천하여 사용함으로 몸과 영혼에 치유와 변화를 주게 될 것입니다. 저는 예수님의 사역 중에서 아픈 자를 치유하시는 능력을 가장 좋아합니다. 그래서 전도사 시절부터 부흥사의 소명을 받고 사역을 시작하게 되었습니다. 저의 첫 번째 기도 역시 언제나 신적 치유의 능력을 부어 달라는 기도입니다. 지금도 약하고 병든 육신을 즉시 치유할 수 있는 능력과 기름부으심의 권세가 충만하게 임하기를 기도합니다. 왜냐하면 아직도 초자연적인 능력과 치유의 기적에 관한 말씀을 사모하는 자에게 주어지는 은혜임을 믿기 때문입니다.(약 4:2)

당신은 여전히 신적 치유기도(Divine Healing)를 믿습니까?

이 질문에 어떻게 대답을 하시겠습니까? 하나님의 치유의 권능은 오늘날에도 치유하심을 인정해야 합니다. 신적 치유기도란 한 마디로 지금도 예수님의 치유 권능은 인간의 시간과 여건 그리고 환경에 관계없이 역사하신다는 것입니다. 그러므로 지금 망가진 육체나 상한 마음을 주님께 맡겨보십시오. 누구든 신적인 개입의 행위가 임할 것입니다. 치유의 권능은 예수님이 이 땅에 계셨을 때만 일어났던 현상이 아니라 어떤 시간의 제한을 받지 않고 여전히 차별 없이 역사하십니다.

신약성경 히브리서 13장 8절은 분명하게 선언하고 계십니다.
"예수 그리스도는 어제나 오늘이나 영원토록 동일하시니라". 그러므로 기적과 치유는 지금도 역사하십니다. 그리고 필요로 하는 당신에게 일어납니다. 주님은 큰 치유와 해방과 회복의 능력이십니다. 우리가 할 것이라고는 아무것도 없습니다. 그저 지금 주님의 기적과 치유를 믿는 믿음을 가지면 됩니다.

▶ 실제적으로 하나님의 치유 능력으로 치유하는 기도

우리 그리스도인은 자신이나 혹은 다른 사람의 병의 치유를 위한 기도를 하기 위해서 "예수 그리스도의 이름"을 사용하는 기도 방법을 사용해야 합니다. 이미 그리스도께서는 우리 인간의 여러 가지 영역, 유적 질병의 치유를 위해 십자가에서 우리를 대신하여 모든 질고를 짊어 주셨기 때문입니다.(사 53:4~5, 마 8:17, 벧전 2:24) 그러므로 질병을 치유하기 위해서는 먼저 자신이나 혹은 다른 사람의 질병에 대한 몇 가지를 파악해야 합니다. 그래야 치유의 효과가 극대화 될 수 있습니다. 치유사역을 하기 전 다음의 4가지를 익혀둡니다.

① 병명을 정확히 알아야 한다.
② 그 병의 근원을 확인한다.
③ 그리고 믿음으로 예수 그리스도의 이름을 사용함으로 기도하라.
④ 기도방법을 익혀라.

내가 예수 그리스도의 이름으로 명하노니,
예수님께서 친히
(   )의 질병을 짊어지고
십자가에 못 박히셨으므로
(   )이 지금 나음을 입었음을 선포하노라.
(   )을 아프게 하는
(구체적인 질병명)이 (   )의 몸에서 사라질지어다!.

▶ 암 환자를 치유하는 기도

내가 예수 그리스도의 이름으로 명령하노니,
(암 혹은 암을 잡고 있는 약한 영)은 (그에)게서 당장 떠나갈지어다.
내가 예수 그리스도의 이름으로 명령하노니,
(그)의 (암세포)는 예수의 피와 성령의 치료하는 광선과 불로 완전히 파괴될지어다.
내가 예수 그리스도의 이름으로 명령하노니,
(항체)는 (그)의 피 안에 왕성하게 생성되어 (그)의 피와 몸속에 있는 암 세포를 완전히 죽을지어다.
내가 예수 그리스도의 이름으로 명령하노니,
(그)의 몸, 피, 근육, 세포, 오장육부, 뼈와 골수에 이르기까지 예수의 피와 성령의 치료하는 광선과 불의 능력이 강력히 역사하여 모든 (암세포)를 완전히 소멸할지어다.

▶ 질병을 치유하는 기도

여기 신적 치유기도를 믿고 순종하여 기도함으로써 완전히 치유되는 경험의 주인공이 될 것입니다. 적극적으로 예수 그리스도의 이름을 의지하여 적용해 보십시오. 질병이 치유되는 은혜를 누리게 될 것입니다.

: 요통

내가 예수 그리스도의 이름으로 꾸짖고 명령하노니,
(요통)은 (내)게서 속히 떠나갈지어다.

: 두통

(두통 혹은 두통을 가져다주는 악한 영)아,
내가 예수 그리스도의 이름으로 너를 꾸짖고 명령하노니,
(내)게서 속히 떠나갈지어다.

: 소화기능

내가 예수 그리스도의 이름으로 꾸짖고 명령하노니,
(나)의 (소화기 기능)은 정상으로 회복될지어다.

: 출혈

내가 예수 그리스도의 이름으로 명령하노니,
(피)는 즉시 멈출지어다.

: 기미, 여드름

내가 예수 그리스도의 이름으로 기도하고 명령하노니,
(기미, 여드름)은 (내) 얼굴에서 사라질지어다.

: 생리통

내가 예수 그리스도의 이름으로 꾸짖고 명령하노니,
(나의) 생리 중에 생기는 모든 고통과 증세는 (내)게서 즉시 떠나 갈지어다.

: 임신부의 심한 입덧

내가 예수 그리스도의 이름으로 명령하노니,
입덧은 (내)게서 완전히 사라질지어다.
(내) 몸의 모든 기능은 정상으로 회복될지어다.
(기타 모든 증세)도 (내)게서 깨끗이 사라질지어다.

: 마음의 병

내가 예수 그리스도의 이름으로 명하노니,

(   )을 묶고 있는 (마음의병명)는 영원히 떠날 갈지어다!

내가 예수 그리스도의 이름으로 명하노니,

(   )를 사로잡고 있는 모든 (불안, 근심, 걱정, 염려, 두려움, 수치심, 거절감, 열등감, 우울증, 스트레스)아,

(   )의 영,혼,육으로부터 영원히 떠나갈지어다.

(   )가 더 이상 너희에게 묶여 있지 않음을 예수 그리스도의 이름으로 선포하노라.

말씀의 적용

고후 5:17, 렘 29:11, 시 42:5, 벧전 5:7-8,
고후 10:4-5, 빌 4:6-7, 롬 8:1, 고후 4:7-11, 요 8:32

03 머리끝부터 발끝까지 신적 치유 이야기

"예수 그리스도의 이름으로 명하노니, 머리끝부터 발끝까지 치유될 지어다. 모든 통증은 멈추어라!"

영성가로 불리는 리처드 포스터가 쓴 『기도』 중에서 감동적인 치유 사역이 있어 먼저 소개합니다.

『우리 집 장남 조엘은 어린 시절 끊임없는 보살핌에도 불구하고 종종 귀가 감염이 되곤 했습니다. 너무 아파 고통스러워할 때면 우리는 아이와 함께 밤을 새기 일쑤였습니다.

… 중략 …

그런데 어느 날 갑자기 그 고통을 향해 직접 말해야 되겠다는 생각이 얼핏 들었습니다. 나는 조용히 그 고통에게 말하였습니다.

"우리에게 조엘의 귀가 감염되었다는 사실을 알게 해 주어 고맙다. 우리는 그것을 치료하기 위해서 할 수 있는 최대한의 의학적인 치료를 시행하고 있다. 우리는 메시지를 충분히 받았다. 그러므로 너는 고통의 신호를 더 이상 이 아이의 귀에 보낼 필요가 없다. 이제 예수 그리스도의 이름으로 명하노니, 통증아 멈추어라!"

그러자 그 즉시 조엘의 울음소리와 보채는 소리가 멎었습니다.

그 아이는 머리를 내 어깨에 기대고 깊은 잠에 빠졌고, 이 일이 너무도 갑작스럽게, 너무도 완전하게 일어났기 때문에 나는 깜짝 놀랐습니다. 그 아이가 나중에 잠이 깨었을 때 보니 감염된 귀는 완전히 나아 있었습니다.』

참으로 읽기만 해도 신나는 이야기입니다. 우리가 기도하며 예수님의 이름을 다시 한 번 강조하여 부를 때 주님께서는 우리와 함께하실 것입니다. 그리고 그 어떤 문제와 통증일지라도 깨끗이 낫는 은혜를 베풀어 주십니다.

오늘 우리는, 주님께서 복음 선포를 위해 우리를 부르셨음을 다시 한 번 생각해 보아야 하겠습니다. 그것은 비단 목사나 전도사에게만 해당되는 이야기가 아닙니다. 하나님을 믿는 신실한 모든 자녀들에게 말입니다.

다함께 영으로 치유기도하시겠습니다.

주님, 저희를 구원해 주실 수 있는 이름이 바로 당신의 이름,
곧 '나사렛 예수 그리스도' 임을 깨달았습니다.
주님, 저희에게 어려움이 닥쳐올 때,
당신의 이름을 외쳐 부르게 하옵소서.
주님, 저희가 어리석어 다른 이름, 다른 곳에 의지하는 일이 없도
록 저희를 굳건히 붙들어 주소서.
이제 질병 앞에 당신의 이름을 의지하여 이렇게 고백합니다.
"예수의 이름으로 이 순간 깨끗이 치유되었음을 믿습니다."
아멘!

나사렛 예수 이름으로 명하노니, 일어나 걸으라!

유명한 인도의 성자라고 불렸던 스탠리 존스(Eli Stanley Jones. 1884~1973 미국감리교 선교사. 인도에서 활동) 선교사 이야기를 듣고 저는 큰 감동을 받았고, 함께 나누고 싶은 마음에 그의 이야기를 소개합니다.

『 인도에서 복음을 전하던 89세의 할아버지 "스탠리 존스" 선교사가 뇌출혈로 쓰러져서 미국으로 건너갔습니다. 그는 병원 침상에 드러누워 몸을 움직이지 못하였고 말도 못하였으며 또 연세가 89살이니 너무 노쇠했습니다. 그래도 그는 흔들리지 않는 믿음을 가지고 있었습니다. 그는 수시로 이렇게 고백하였습니다.

나는 인도에 복음을 전하라고 하나님이 부르셨기 때문에 죽더라도 인도해 가서 죽지 미국에서는 죽지 않는다. 나는 기어코 이 중풍에서 일어나서 하나님이 내 인생에 종지부를 찍을 때까지 나는 복음을 전한다.

그는 하나님의 뜻을 확신했기 때문에 89세에 그가 중풍이 걸려서 움쩍하지 못해도 그 중풍과 그 질병을 극복할 수 있는 믿음을 가지고 계속 중풍과 싸워서 기어코 중풍에서 일어나서 다시 인도 선교사로 도로 돌아갔던 것입니다.

그런데 89살 먹은 스탠리 존스 선교사는 어떻게 중풍을 극복하고 다시 인도로 돌아갈 수 있었을까요? 그는 하나님의 뜻을 알았기 때문에 아무리 나이가 많아도 아무리 중풍이 들려도 아무리 고통스러워도, 나는 하나님 뜻대로 살아간다는 확신을 가지고 있었기 때문에 힘든 역경을 그는 극복할 수가 있었던 것입니다.

스탠리 존스 선교사는 자기를 치료하는 의사에게 이렇게 부탁했습니다.

"선생님, 저에게 일어나라! 고 소리쳐 주십시오." "일어날지어다!"라고 외쳐주십시오.

의사가 억지로 소리를 지르고 나면 스탠리 박사는 "아멘"으로 응답했습니다. 의사가 가면 담당 간호사에게도 마찬가지로 부탁했습니다.

간호사가 '나사렛 예수 그리스도의 이름으로 걸어라! 일어나라!' 하고 소리쳐 주면 스탠리 존스 선교사는 따라서 "아멘!"하였습니다.

6개월 동안 이 과정을 반복하면서 물리치료를 받은 스탠리 존스 선교사는 끝내 다시 일어났습니다. 그리고 90세에 다시 인도로 가서 죽을 때까지 복음을 전했습니다.

스탠리 존스 선교사는 자신을 인도의 선교사로 보내신 하나님의 뜻을 알고 있었기 때문에 뇌출혈과 중풍, 그리고 고령의 나이를 극복하고 선교에 끝까지 힘을 쓸 수가 있었던 것입니다. 그리고 그는 분명히 '예수 그리스도'라는 이름의 능력을 알고 있었던 것입니다.』(조용기 목사님의 설교집에서 인용)

우리도 예수님의 이름을 힘입어 부르짖으면 틀림없이 그 이름 자체가 예수님의 존재를 불러와 좋은 일이 일어날 것이며 당신은 예수님 이름의 능력을 직접 체험한 원조가 될 것입니다.

다함께 영으로 치유기도하시겠습니다.

> 주님, 스탠리 존스 선교사님의 사명이 우리의 사명이 되게 하시고 어떤 극한 상황속에서도 예수님의 이름을 힘입어 일어나게 하여 주옵소서.
> 지금 뇌출혈로, 중풍으로 고통 가운데 있는 모든 사람들을 일어나게 하옵소서.
> 나사렛 예수의 이름으로 명하노니, 당장 일어날지어다.
> 뇌출혈과 중풍으로부터 일어날지어다.
> 예수의 이름으로 명하노니 일어나라.
> 아멘.

나는 죽지 않고 살 거야!
나는 하나님의 치유 역사하심을 선포할 거야.

다음은 베스트셀러로 알려진 책입니다.
『긍정의 힘』이라는 책으로 잘 알려진 "조엘 오스틴"의 선포를 통해 놀라운 일이 일어났던 간증 기사를 읽었습니다. 그 내용을 함께 나누고자 합니다.

『1981년에 우리 어머니는 암으로 몇 주밖에 살지 못한다는 진단을 받으셨습니다. 우리 가족은 얼마나 커다란 충격을 받았는지 모릅니다.

전에는 어머니가 아프신 것을 한 번도 본 적이 없었습니다. 언제나 건강하신 어머니는 누구보다도 건강하고 활동적이어서 밖에 나가기를 즐기셨고, 틈만 나면 뜰에서 열심히 일하셨습니다. 그런데 의사의 진단이 떨어졌을 때, 나는 타지의 대학에 있었습니다.

형이 내게 전화를 했지요. "조엘, 어머니가 정말 많이 편찮으셔."

"어디가 어떻게 편찮으신데? 감기에 걸리셨어?"

"그런 게 아니야. 계속 살이 빠지고 피부가 노랗게 변하셨어. 몸이 극도로 약해지셨는데 뭔가 큰 문제가 있대."

어머니는 21일 동안 병원에 입원하여 갖가지 검사를 받으셨습니다. 의사들은 치료법을 찾기 위해 어머니를 여러 곳의 병원으로 옮겨 검사했습니다. 그리고 한참 만에 어머니가 간암에 걸리셨다는 청천벽력 같은 소식을 듣고 돌아왔습니다.

의사들은 아버지를 복도로 불러 말했습니다.

"사모님은 앞으로 몇 주밖에 사실 수 없습니다. 몇 달이 아니고 몇 주요."

현대의학으로는 해결할 수 없는 한계에 도달한 것입니다.

훌륭한 의사들이 온갖 노력을 다했으나 결국 포기하고 어머니를

집으로 돌려보냈습니다. 우리를 의사들과 병원 직원들의 노고에 진심 어린 감사를 전했지만 그들의 의견을 받아들이지 않았습니다. 의사와 병원, 약학과 의학을 무시하는 것은 아니지만 의학 전문가들은 진료 차트에 있는 내용만 전달할 수 있을 따름입니다.

모든 의학 권위가 포기해도 우리는 더 높으신 권위자, 즉 하나님께 도움을 요청할 수 있습니다. 때로 하나님의 진단서는 세상 권위자들의 진단서와 완전히 다릅니다.

우리는 자연의 법칙을 뛰어넘으시는 하나님을 섬기고 있습니다. 하나님은 인간이 할 수 없는 일을 하시며 길이 없는 곳에 길을 만드십니다. 그래서 우리는 어머니의 생명을 구해 달라고 하나님께 기도드렸습니다.

어머니는 역시 결코 포기하지 않으셨습니다. 불평과 패배의 말 대신 하나님의 말씀을 마음과 입에 두기로 선택하셨습니다. 어머니는 믿음으로 충만한 말을 하기 시작하셨습니다. 건강과 치유를 외치는 어머니의 목소리를 하루 종일 들을 수 있었습니다.

"나는 죽지 않고 살 거야. 나는 하나님의 역사하심을 선포할거야."

어머니는 걸어 다니는 성경이셨습니다! 언젠가 나는 이렇게 물었습니다.

"어머니, 도대체 어떻게 죽지 않으시겠다는 거예요"

"애야, 나는 주님과 그분의 권능 안에서 누구보다도 강하단다."

어머니는 성경을 열심히 뒤지시다가 가장 좋아하는 치유의 말씀을 30~40개 정도 찾아내 종이에 적어 매일 읽고 큰 소리로 선포하셨습니다.

어머니가 하나님의 말씀과 자신의 말을 섞어 사용하시자 놀라운 일이 일어나기 시작했습니다. 상황이 변하기 시작한 것입니다. 조금씩 병세가 호전되기 시작했습니다. 그리고 상황이 변하기 시작한 것입니다. 조금씩 병세가 호전되기 시작했습니다. 점차 식욕이 돌아오고 몸무게가 불어나기 시작했습니다. 느리지만 분명하게 건강이 돌아오고 있었습니다.

그 이유는 뭐였을까? 하나님의 말씀이 살아 역사한 것입니다. 하나님이 어머니의 건강을 회복시키고 상처를 치유하고 계셨습니다.

몇 주가 지나자 어머니는 조금 나아졌습니다. 몇 달이 지나자 회복세는 더욱 빨라졌습니다. 내가 이글을 쓰고 있는 지금, 어머니가 며칠밖에 살지 못한다는 사형선고를 받으신 지 20년이 흘렀습니다.

이제 어머니는 말씀의 힘으로 암에서 완전히 벗어나 자유를 누리고 계십니다. 우리 어머니는 지금도 하나님의 말씀을 고백하고 계십니다. 아침마다 치유의 성경 구절을 묵상하고 믿음과 승리, 건강에 관한 말을 하지 않고서는 집을 나서지 않으십니다.

어머니는 "죽음이란 놈"이 어찌할 수 없다는 사실을 늘 되새기십니다. 어머니는 무덤가를 지날 때마다 "하나님께서 내게 장수를 주시고 그분의 구원을 보여 주실 거야"라고 외치시는데, 그 소리가 얼마나 큰지 모릅니다. 차 안에서 어머니가 이 말씀을 처음 외쳤을 때, 나는 너무 놀라 간 떨어지는 줄 알았습니다!

이처럼 어머니가 항상 말로 선포하시니 사탄은 어머니의 삶에 발 디딜 틈조차 없었습니다.』

이 간증을 통해 선포의 능력을 새삼 깨닫게 됩니다.

또한 어머니의 신앙이 자녀의 생애에 엄청난 영향을 미친다는 사실을 발견합니다. 간암으로 사형선고를 받았을 때도 믿음으로 하나님의 역사를 선포하는 삶을 살았습니다.

그 신앙이 아들 조엘 오스틴에게 전해진 것입니다.

어머니들이여, 자녀들 앞에서 믿음으로 선포하는 생애를 사십시오.

믿음으로 선포할 때 하나님의 기적이 한순간에 나타날 수도 있지만 대부분은 서서히 나타납니다.

조엘 오스틴의 어머니는 소아마비와 말기 암 진단 상태에서도 믿고 긍정적인 언어를 사용했습니다. 긍정적인 언어, 믿음의 언어를 선포했습니다. 말씀을 따라 선포했습니다. 긍정의 말씀 알약을 매일 복용하십시오. 그리고 날마다 큰 소리로 외치어 선포하십시오.

다함께 영으로 치유기도하시겠습니다.

주님, 저도 문제와 질병을 놓고 믿음의 말씀을 선포할 수 있는 믿음을 주옵소서.
그 선포의 외침을 들으시고 질병이 깨끗이 낫는 은혜가 있게 하옵소서.
날마다 긍정의 말씀을 섭취합니다.
날마다 큰 소리로 말씀을 선포합니다.
아멘.

> 하나님 나는 귀가 있는 것을 바라보고 믿습니다.

마가복음 11:24
그러므로 내가 너희에게 말하노니 무엇이든지 기도하고 구하는 것은 받은 줄로 믿으라 그리하면 너희에게 그대로 되리라

여기 또 하나의 놀라운 선포의 기적이 있습니다.
저는 어느 목사님의 설교 집에서 남미의 콰테말라에서 가장 큰 목회를 하는 카브렐라 목사님의 믿음의 간증의 글을 읽었습니다.

『 한 번은 한 어머니가 어린 아이를 데리고 기도를 받으러 왔는데, 한쪽 귀는 잘 생겼는데 한쪽에는 귀가 전혀 없고 구멍만 뻥 뚫려 있더랍니다. 그래서 그 어머니가 "우리 애기 귀가 생기도록 기도를 해 주십시오." 그래서 너무 황당하다고 생각하면서도, 이 카브렐라 목사님은 자기의 마음 속에 아름다운 귀가 생긴 것을 바라보고 손을 얹고 "하나님 아버지여, 나는 이 아기의 없는 귀, 여기에 아름다운 귓바퀴가 생기고 귀가 창조된 것을 바라보고 믿습니다."

기도를 간절히 해주면서 그 어머니에게 말했습니다.

항상 집에서 귀를 만지면서 "아~ 그 녀석 귀 참 잘생겼다."라고 말해 주세요.

어머니는 목사님에게 말하기를 "아니, 귀가 없는데요."

목사님은 다시 말씀하셨습니다. "지금은 귀가 없어도 있는 것처럼 그렇게 바라보고 귀를 늘 쓰다듬으면서 아~ 그녀석 귀 잘생겼다." 그렇게 말하라고 부탁했습니다.

왜냐하면, 하나님은 없는 것을 있는 것같이 부르시는 하나님이시기 때문입니다. 아무튼 그 다음에 얼마 지나고 난 다음 그 어머니가 어린아이를 데리고 와서 또 기도하려고 보니까 아무 것도 없는데 귀에 혹이 생겼더랍니다. 그래서 "목사님 기도를 받고 난 다음 내가 가서, 늘 아~ 그 녀석 귀가 잘생겼다. 그러면서 쓰다듬으면서 기도를 했는데 혹이 생겼습니다."

그래서 귀의 작은 혹에다 손을 얹고 "하나님 아버지 하나님께서 이 아기에게 아름다운 귀를 주신 것을 감사합니다. 나는 이 아기의 귀에 아름다운 귀가 생기는 것을 바라보고 믿습니다." 그리고 기도를 하고 보냈습니다. 그런데 그 다음에 또 한참 있다가 어린 아기를 데리고 왔는데 보니까 혹이 아주 굵게 자랐습니다. 그래서 그 다음에는 카브렐라 목사님이 "하나님 이 혹이 붙어 있을 필요가 어디 있습니까? 부채 같은 귀가 생기게 하여 주시옵소서.

하나님, 나는 귀가 있는 것을 바라보고 믿습니다." 창조의 귀가 생기도록 기도하고 난 다음에 눈을 뜨니까 이 혹이 팍 펼쳐져 가지고서 아름다운 귀가 되어 버렸습니다.

카브렐라 목사님은 말하기를 "자기 평생에 그런 희안한 기적은 처음 보았다"고 합니다. 기도하는 동안에 그 혹이 펼쳐져서 부채처럼 귀로써 변화된 것을 보고 너무나 놀랬다는 것입니다.』

그는 꿈과 믿음을 통해서 하나님의 역사를 가져올 수 있게 만들어 주신 것입니다. 만일 카브렐라 목사님과 그 어머니가 꿈과 믿음을 갖고 있지 않았더라면 하나님이 아무리 계획했더라도 그 어린아이는 귀 없이 평생을 지내고 말았을 것입니다.

하나님께서는 우리의 꿈과 기도를 통해서 믿음을 통해서 오늘날도 위대한 기적을 베푸시는 하나님이신 것입니다. 이러므로 우리가 마음에 확신과 안심이 올 때까지 낙심하지 말고 기도해야 되는 것입니다.

마가복음 11장 24절에 "그러므로 내가 너희에게 말하노니 무엇이든지 기도하고 구하는 것은 받은 줄로 믿으라 그리하면 너희에게 그대로 되리라"는 말씀이 있습니다.

그렇습니다. 문제와 질병이 치료 받은 줄로 알고 믿음이 올 때까지 기도를 해야 되는 것입니다. 기도를 조금하다가 말면 안 됩니다. 마음에 확신과 평안이 와서 하나님께서 응답했다는 확신이 올 때까지 우리는 바라보고 믿고 기도해야만 되는 것입니다. 지금 믿고 선포하십시오. 그러면 놀라운 기적의 체험을 하게 될 것입니다.

다함께 영으로 치유기도하시겠습니다.

주님, 카브렐라 목사님과 같은 확고한 믿음을 주십시오.
그래서 문제 앞에서, 질병을 놓고 선포할 수 있게 하옵소서.
주님, 기도할 때마다 재창조의 역사가 일어나게 하옵소서.
치유와 기적을 믿음으로 선포하게 하옵소서.
아멘.

04 육적 치유기도
이제 육적 치유기도에 들어가겠습니다

이 육적 치유사역 기도는 국내에서 처음으로 공개하는 능력의 치유기도입니다.

마귀를 대적하고 부수는 일은 좋은 일입니다. 귀신을 쫓아내는 것은 기쁜 일입니다. 그리고 악한 영들을 제거하고 청소하는 일은 행복한 일입니다. 왜냐하면 그 자리에 주님의 말씀과 임재와 영광, 성령으로 가득 채울 수 있기 때문입니다.

지금 당신의 마음에, 고통의 자리에, 약한 영혼 위에 오직 주님이 좌정하시게 하십시오. 당신은 진정한 승리자, 행복자가 될 것입니다.

여기 영적 명령기도와 선포 치유기도는 사역자이자 능력이며 치유자이신 예수 그리스도의 임재하심입니다. 그러므로 큰 소리로 그리고 믿음으로 선포하십시오. 분명한 어조로 한 마디씩 또박또박 말하는 것이 좋습니다. 시간은 한 기도 주제마다 5분 정도 지속적으로 하면 좋습니다. 그리고 반드시 구체적인 상황에 맞게 실제적으로 적용하시기 바랍니다. 그 상황에 맞는 단어를 사용하십시오. 분명히 이기는 치유기도가 적용된 후에 자유와 해방을 경험하게 될 것입니다. 할렐루야!

다음 치유의 기도를 매일 하루 두 세 번씩 소리 내어 기도하면 놀라운 치유의 역사가 일어나는 것을 체험하게 됩니다. 그러므로 아침, 점심, 저녁 하루 세 번씩 날마다 선포하고 고백하십시오!

이 치유의 기도를 당신의 구체적인 상황에 실제적으로 적용하면 분명히 자유와 해방을 경험할 수 있게 될 것이고 치유와 나음 그리고 회복됨을 느끼게 될 것입니다.

치유하심의 선포와 고백은 그리고 이기는 치유기도는 병을 치유하는 하나님의 창조적 능력이 운반되며, 당신의 운명을 바꿉니다. 더 나아가서 **"~네 믿은 대로 될지어다"**(마 8:13)라는 말씀대로 이루어집니다.

하나님의 말씀이 당신의 몸을 고칠 것입니다. 그 이유는 하나님의 말씀은 치유의 의약입니다. 만일 당신이 말씀의 약을 복용할 경우, 그것을 믿음과 합하여 이렇게 선포하고 고백하십시오. 그러므로 믿음을 가지고 하루에 10번 씩 꾸준히 사역을 하면 모든 질병을 물리칠 수 있습니다. 놀라운 치유의 경험을 하게 됩니다.

육적 치유기도

이제 육적 치유기도에 들어가겠습니다.

지금 상황에 관계없이 몸이 아픈 분은 아픈 곳에 믿음으로 손을 얹어 주시기 바랍니다. 통증으로 힘드십니까? 치료가 불가능한 병으로 좌절하고 있습니까? 한 번 믿음으로 아픈 곳에 손을 얹어 주시고 함께 기도해 봅시다. 놀라운 치유의 경험을 누리는 주인공이 될 수 있습니다.

예수님의 이름으로 기도하겠습니다. 먼저 회개할 것이 있으면 회개하시고 기도할 수 있는 상황을 만드시고 집중해서 기도합시다. 절대 의심의 영에 사로잡혀 있으면 안 됩니다. 회개의 기도가 먼저 이루어져야 하며 온전히 치유자 그리스도를 의지해야 합니다. 반드시 성령님의 연합이 있어야 하므로 성령을 초청하십시오.

> 사랑의 주님, 치유자 예수님이시여.
> 주님의 치료하심의 능력을 믿고 몸이 아픈 곳에 믿음으로 손을 얹었사오니, 치료하여 주시옵소서.
> 우리의 마음도, 병도 치료하시는 하나님 아버지! 성령님! 주님!
> 나의 육체의 병도 치료하여 주시옵소서.
> 나사렛 예수 그리스도의 이름으로 명하노니,
> 우리의 몸과 마음을 아프게 하는 모든 악의 세력아!

묶임을 놓고 당장 떠나갈지어다. 떠나갈지어다, 떠나갈지어다,
깨끗하게 치료될지어다. 통증은 사라질지어다.
그리고 원래대로 회복될지어다.

혹, 누구를 원망하고 있습니까? 용서하지 못하고 있습니까?
그 마음이 변화되게 하여 주시옵소서.
주님의 사랑으로 감사하게 하여 주시옵소서.
기뻐하게 하옵소서, 찬송하게 하옵소서. 사랑하게 하여 주옵소서.
그 결과로 우리의 육체도 치료하여 주시옵소서.
경제적으로 어려움을 당하는 사람들,
그것이 우리의 마음에 상처가 되지 않게 하옵소서,
내 마음이 분노와 화를 내지 않도록 하여 주옵소서.
하나님이 다스려 주옵소서.
절대 지금 상황 때문에 낙망하지 않게 하옵시고, 좌절하지 않게 하옵시고, 주님께 맡기고 최선을 다하여 반드시 일어서게 하여 주옵소서.
기적이 일어나게 하옵소서.
치유의 역사가 내 몸에서 일어나게 하옵소서.
보혈의 능력으로 아픈 곳을 살포시 만져 주옵소서.
예수의 이름으로 이 순간 깨끗이 치유되었음을 믿습니다. 아멘.

예수의 이름으로, 이 순간 깨끗이 치유되었음을 믿습니다.
이제 온 몸, 머리부터 발끝까지 육적 치유에 들어가도록 하겠습니다.

1 머리 〈뇌〉를 치유하겠습니다.

머리에다 두 손을 얹어 감싸시기 바랍니다. 머리는 숙이시고 두 손으로 머리를 힘껏 감싸 주세요. 지금 여러분의 손은 치유자로 오신 예수님의 손임을 믿으시기 바랍니다.

치유자이신 예수님!,
지금 당신이 이 교만 덩어리 머리를 만지고 있음을 믿습니다.
사람의 몸에서 가장 중요한 머리, 뇌에는 수많은 신경세포들이 있으며 이 머리를 창조하신 주님이 직접 치유하고 계심을 믿습니다. 이 작은 나의 머리, 저울에 달아도 무게도 나가지 않는 이 작은 머리로, 그동안 세상을 재고, 내 이웃을 재고, 하나님을 재고, 내 인생을 재며 살았던 이 교만의 상징인 이 머리, 이 교만 덩어리의 머리, 이 교만의 머리를 축복해주시고, 낮추어 주사 겸손의 머리로 만들어 주십시오.
우리의 뇌에는 무려 140억 개의 세포가 있으며, 이 세포들이 가지고 있는 기능의 무한한 잠재력이 발휘되게 하시옵소서.

늘 기쁨으로 말미암아, 긍정적인 사고와 감사함으로 뇌 내에 모르핀이 분비되어 건강하고 튼튼한 뇌가 되게 하여 주시옵소서.

우리의 좌뇌 우뇌가 균형된 발달로 영적 감각을, 민감한 영을 가지고 살아가게 하옵소서.

그리고 앞쪽 뇌라 불리는 전두엽이 활성화되어 영적 능력이 뛰어난 사람이 되어, 언제나 성령의 충만으로 영의 세계를 보고 느끼고 만지며 살기를 원합니다.

가장 중요하다는 전두엽 뇌는 운동기능, 말하기 능력, 계획, 판단력, 감정조절, 의욕, 기억 등 무궁무진하다는데, 이 기능들이 다 각각 제 기능을 할 수 있도록 지켜주시옵소서.

주님이 만지고 있는 이 머리에도, 현대에는 수많은 병들이 있습니다. 치매, 노화, 우울증, 산만증, 중독, 멍한 상태, 감정조절 불능, 혈관 막힘과 터짐, 언어장애, 불안증, 스트레스, 우울증, 분노, 자살충동 등 모두 다 뇌의 기능이 역할을 하지 못해서 생기는 문제라고 합니다.

우리의 뇌가 창조하신 주님의 뇌로 활성화될 수 있도록 성령님께서 임재하여 주시기를 바랍니다.

뇌의 혈관이 막힘은 산소가 공급이 안 되어, 뇌가 죽어갑니다.

뇌 혈관이 터지면 뇌경색이 되고, 또 풍을 맞을 수 있습니다.

그리고 뇌의 동맥경화나 뇌동맥의 협착으로 우울증의 원인이 되기도 한다고 합니다.

뇌로 인한 중풍을 막아주시고, 치매와 파킨슨 병 등의 질병이 걸리지 않도록 지켜 주시기를 바랍니다.

수많은 뇌의 기능이 정상적으로 작동하게 하옵소서.

내 숨이 끊어지는 그 순간까지 맑은 머리로 하나님을 기억하면서 세상을 마치고 싶습니다.

흐리멍텅한 머리가 아니라, 자기 이름도 모르는 그런 바보 상태가 아니라, 주님의 이름을 부르며, 주님께 주목하며 살다가 숨을 거두고 싶습니다.

나이가 들어도 치매로 주님을 알아보지 못하는 그런 뇌가 아닌 언제나 주님의 임재로 세밀하고 민감한 영이 활동하시는 뇌가 되기를 원합니다.

예수님의 이름으로 기도합니다.

지금 내 머리 속에 있는 모든 나쁜 병, 세포와 신경에 붙여 있는 종양, 그리고 치매와 우울증을 일으킬 수 있는 신경 세포들은 들으라. 막힌 혈관은 들으라!

예수님의 이름으로, 오늘 이 순간 깨끗이 치유되었음을 믿습니다. 아멘.

2 〈눈〉을 치유하겠습니다.

이번에는 손을 눈으로 가져가시기 바랍니다. 안경을 끼고 있는 분은 벗으시고 양 손으로 눈을 감싸 주세요. 우리 눈은 매우 소중한 부분입니다. 그런데 눈에 많은 암 병이 있다고 합니다.

> 주님! 우리에게 있어 눈은 매우 중요합니다.
> 이 눈으로 주님을 보기 원합니다.
> 믿음의 눈으로 주님이 함께 하심을 인지하기를 원합니다. 그런데 시력이 희미해진지 오랩니다. 지금 시력을 회복시켜 주십시오.
> 주님, 눈 먼 장님을 치유하셨던 것처럼 "보기를 원하나이다".(눅 18:41)
> 믿음으로 눈의 모든 병을 치유해 주옵소서.
> 맑고 시원하고 깨끗한 눈으로 주님을 보며 살기를 원합니다.

한번은 저의 장모님이 시력이 갑자기 떨어져서 함께 병원에 갔더니, 입원해서 수술을 해야 한다고 하여 입원하여 수술을 받았습니다. 그때 사람에게 있어 눈은 굉장히 중요한 기능임을 알게 되었습니다. 그러므로 눈이 건강할 때, 잘 관리하고 보호할 필요가 있습니다.

우리가 잘 아는 모세는 120세에 하나님이 불러가셨습니다. 그런데, 그

때까지도 눈이 흐리지 않았고, 기력이 쇠하지 않았습니다.

오늘 그런 축복이 여러분들에게 임하길 원합니다. 사람에게 있어 눈이 얼마나 중요한지 아시지요?

주님, 기도드립니다.
눈이 흐리게 보이면, 백내장이 됩니다.
시력이 떨어지면, 녹내장이 됩니다.
그러므로 이 시간 백내장과 녹내장의 병은 회복될지어다.
오늘 이 순간 깨끗이 치유되었음을 믿습니다.
치유하시는 예수님!
지금 우리의 눈을 만지고 계심을 느낍니다.
주님!
일반적으로 40세가 되면, 눈에 문제가 오기 시작한다고 합니다.
오늘 우리의 눈의 시력 손상을 막아주시고 강화시켜 주시기를 기도합니다.
혹 망가진 시력이 있다면, 주님의 보혈로 회복시켜 주시옵소서.
믿음을 보시고 불쌍히 여기사 기적을 베풀어 주시옵소서.
치유자이신 예수님의 거룩한 손이 눈 먼 장님을 치유시켜주셨던 그 거룩한 손이, 영적으로 눈이 먼 제 눈을, 어둠침침한 소경인 눈을 치유시켜주려고 만지고 있음을 믿습니다.

맹인들의 눈을 뜨게 하셨던 예수님!

영의 눈을 뜨게 해 주시옵소서.(마 9:27~31) 그래서 영안이 열리어 주님을 보는 은혜를 입고 살게 하여 주시옵소서.

소돔과 고모라 속을 바라보듯 탁하고 어두운 눈에서 천국을 바라보는 어린 아이와 같은 맑고 깨끗한 눈으로, 선명한 눈으로 변화시켜 주십시오.

욕심으로 가득 찬 눈이 아니라 포기하고 만족하는 눈이요.

교만의 눈이 아니라 겸손의 눈이요.

그러한 눈보다 더 흰 영적인 눈이 되게 해 주십시오.

주님! 그동안 눈의 통증과 두통으로 그리고 시력저하로 생활하기가 매우 힘들었습니다.

시야가 늘 안개가 낀 것 같이 뿌옇게 보였습니다.

그래서 사물을 정확히 분별하지 못했습니다.

때로는 성경책을 읽을 수가 없었습니다.

또한 심한 난시가 있어 밤에 운전하는 데, 작업하는 데 불편했습니다. 그러므로 멀리 차를 끌고 갈 수도 없었습니다.

지금 당신이 만지고 있는 눈의 있는 모든 병, 백내장, 녹내장, 눈물구멍이 막혀 있는 병, 그밖에도 다 말로 할 수 없는 많은 눈병아!

예수님의 이름으로, 오늘 이 순간 깨끗이 치유되었음을 믿습니다. 아멘.

주님! 백내장, 녹내장은 치료하지 않으면 시력이 영원히 실명한다고 합니다.

주님! 눈에 손을 얹어 사오니, 치료하여 주옵소서. 보호하여 주옵소서.

아직 드러나지 않은 병도 치료하여 주옵소서.

나사렛 예수의 이름으로 명하노니,

우리의 눈을 아프게 하는 모든 악의 세력아,

눈에 악한 것을 주는 사탄 마귀아!,

묶음을 놓고 떠나갈지어다, 떠나갈지어다, 사라질지어다, 깨끗하게 치료될지어다, 시력은 회복될지어다.

약한 눈은 더욱 강화케 되고, 제 기능을 발휘될지어다.

우리의 시력을 파괴하는 악한 세력은 당장 물러갈지어다.

내가 그곳에 주님의 보혈을 바르고 뿌리노라!

그곳이 주님의 자리임을 선포하노라.

주님의 보혈로 다 씻어 주시옵소서.

지금 주님의 손으로 수술해 주옵소서.

지금 시력회복의 역사가 일어날지어다.

지금 시력저하인 사람은 믿음으로 시력이 회복될지어다!

지금 녹내장, 백내장의 원인이 있는 사람은 이 순간 깨끗이 치유되었음을 선포하노라!

눈의 망막의 기능이 정상적으로 회복되었음을 믿습니다.
건강한 눈으로 돌아왔음을 믿습니다.
지금 눈에 있는 모든 나쁜 병아!
예수님의 이름으로, 오늘 이 순간 깨끗이 치유되었음을 믿습니다.
아멘.

3 여러분의 손을 목 뒤로 가져가십시오.
〈목〉을 치유하겠습니다.

치유자이신 예수님!
이 자리에는 목이 아픈 사람이 많이 앉아 있습니다.
목 디스크 환자들이 있습니다. 팔이 저리고 그리고 볼펜도 제대로 집지 못합니다. 통증으로 힘들어 합니다.
죽기 전에 성경을 필사하고 싶지만, 팔이 절어 성경을 쓸 수가 없습니다. 물건도 마음대로 들 수 없습니다.
눌려 있는 신경을 바로 잡아 주시고, 빠져 나와 있는 디스크를 다시 제자리로 집어 넣어주셔서 사자의 머리보다 사자의 목보다 표범의 몸보다 더 강한 목으로 치유되었음을 믿습니다.

예수님의 이름으로, 나의 목 디스크와 목에 있는 질병,

오늘 이 순간 깨끗이 치유되었음을 믿습니다.
아멘.

4 여러분의 손을 코와 입, 귀로 가져가십시오. ⟨코와 입, 귀⟩를 치유하겠습니다.

한 손은 코와 입, 한 손은 귀로. 가져다 놓으십시오.
예수님, 감사합니다.
예수님, 사랑합니다.

귀먼 자리에 성령의 침을 발라 주시어 치유의 역사가 일어나게 하옵소서. 청력의 기능이 회복되게 하옵소서.
하나님이 만들어 주신 귀로 하나님의 말씀보다는 세상 쾌락 소리에 기웃거리며 듣기를 더 좋아했던 저의 잘못을 용서하시고,
이제부터는 주님의 소리만 듣겠습니다.
오늘 에바다의 축복으로 멍한 귀가 열리는 역사가 있게 하옵소서.
소리가 잘 들리지 않아 설교 듣기가 힘듭니다.
생활하는 데 무척이나 불편합니다.
주님, 오늘 제 귀에 손을 대시사 치유의 손길로 역사하여 주옵소서.

이제부터는 주님의 입술로만 사용하겠습니다.
이제부터는 세상 썩은 것에 냄새 맡지 않고 그리스도의 향기만을 맡고 다니겠습니다.
하나님이 만들어 주신 입으로 찬양과 감사보다는 거짓말과 비난과 불평, 상처 주는 말들과 온갖 더러운 악한 말들을 아무 거리낌 없이 내뱉고, 하나님이 만들어주신 코로 힘들게 살아가는 냄새나는 곳보다는 좋은 환경만, 좋은 냄새가 나는 곳에 있기를 더 좋아했습니다.
회개하오니 용서해 주시옵소서.
당신이 만지고 있는 귀로 코와 입에 있는 모든 병을 이 순간 깨끗이 치유되었음을 믿습니다.

5 **여러분의 손을 목 앞쪽으로 가져가십시오.**
    〈목 앞쪽〉을 치유하겠습니다.

치유자이신 예수님!
이 자리에는 갑상선, 편도선 환자들이 앉아 있습니다.
기관지가 약한 사람들도 앉아 있습니다.
늘 가래 때문에 고생하는 사람이 있습니다.
천식 때문에 늘 겨울이 되면 힘들어하는 사람이 있습니다.

예수님, 당신이 만지고 있는 목에 있는 모든 병, 이 순간 깨끗이 치유되었음을 믿습니다.

6 여러분의 손을 심장으로 가져가십시오.
〈심장〉을 치유하겠습니다.

치료자이신 예수님!
당신이 생명을 주신 그날부터 나를 살리기 위해서 부지런히 뛰고 있는 심장입니다. 심장이 멈추면 바로 죽는다는 것을 알면서도 감사하지 못했습니다.
그러나 이제껏 살면서 단 한 번도 심장에게 고맙다는 말을 해 본 적이 없습니다.
예수님, 천 리를 달려도 지치지 않는, 말보다 더 강한 심장을 주십시오.
심장에 있는 모든 병, 작은 병 하나하나라도, 막혀 있는 심장이 있다 면은 뚫어주시고, 약한 심장이라면 힘차게 고동치게 도와주셔서, 모세 혈관 끝에 까지 피가 다 전달될 수 있도록 또 피 속에 있는 모든 병, 오늘 심장과 더불어 혈액에 있는 모든 병도, 이 순간 깨끗이 치유되었음을 믿습니다.

7 여러분의 손을 폐로 가져가십시오.(손을 양쪽에 두십시오.)
〈폐〉를 치유하겠습니다.

좋으신 예수님! 요즘 폐가 망가진 사람들이 많다고 합니다.
그전에는 없던 폐암 환자들이 많이 늘어나고 있다고 합니다.
오염 때문이겠지요. 아니면 잘 못된 음식 때문이겠지요.
예수님, 건강한 폐를 주십시오.
심호흡을 깊이 할 수 있게끔, 맑은 공기를 들여 마실 수 있게끔, 건강한 폐를 주십시오.
당신이 가지고 있는 폐의 모든 병, 이 순간 깨끗이 치유되었음을 믿습니다.

8 이번에는 가슴에 손을 대십시오.
〈가슴〉을 치유하겠습니다.

자매님들도 가슴에다 손을 대십시오.
좋으신 주님, 예수님도 마리아의 젖을 먹고 자랐을 것입니다.
당신의 많은 딸들이 가슴에 생기는 병으로 늘 불안해합니다.
그리고 수술을 받은 사람도 이곳에 있을 수 있습니다.
또 현재 병이 있는 분도 있습니다.

주님, 여성의 아름다운 가슴을 가지고 살기 원합니다. 유방암이 아니라 뭉친 근육이 풀리게 하옵소서. 정밀 초음파검사를 해도 암의 종양이 아니라 정상의 가슴이 되게 하옵소서.
주님, 건강하고 병 없는 가슴으로, 이 순간 깨끗이 치유되었음을 믿습니다.

9 여러분의 손을 위에 가져가십시오. (명치 밑입니다.) 〈위〉를 치유하겠습니다.

예수님, 참 좋으신 예수님!
이제부터는 기쁘게 살 것을 약속드립니다.
우울하고 힘들 때는 꼭 언치고 위가 망가지곤 합니다.
위궤양 환자, 위염 환자, 또 위암 때문에 위를 잘라낸 사람이 이 자리에 있습니다.
또 다른 곳으로 전이될까봐 불안해 합니다.
예수님 기쁘게 살 것을 약속드리며, 돌을 씹어 삼킬 수 있는 건강한 위로 오늘 이 시간 치유되었음을 믿습니다.
예수님의 이름으로, 위에 있는 모든 병이 오늘 이 순간 깨끗이 치유되었음을 믿습니다.

10 오른쪽 갈비뼈 밑에 손을 가져다 놓으십시오.
〈간〉을 치유하겠습니다.

치유자이신 예수님! 우리를 사랑하시는 예수님!
저희들은 주님에게 해드린 것이 별로 없습니다.
잘 되면은 내가 잘 나서 잘 된 것이요. 안 되면은 늘 하나님 탓으로 했던 것, 주님 용서하십시오.
주님, 간이 아픈 사람이 있습니다.
간염 환자들이 있습니다. 간경화 환자들이 있습니다.
간암 환자들이 있습니다. 간암의 원인이 되는 담배와 술은 스트레스를 받지 않도록 결단하여 끊게 하시고 지켜 주옵소서.
예수님 간염 바이러스를 성령의 능력의 불로 깨끗이 죽여주시고, 굳어져 있는 간이 있다면 다시 새 살을 내어 주시고, 간암이 자라고 있다면 그 암 세포를 성령의 칼로 뿌리 끝까지 캐내서 건강한 간으로 깨끗이 치유되었음을 믿습니다.
예수님의 이름으로 명하노니,
간이 오늘 이 순간 깨끗이 치유되었음을 믿습니다.

11 신장(콩팥)에다 손을 대시기 바랍니다.
〈신장〉을 치유하겠습니다.

좋으신 예수님, 신장이 부실한 사람들이 있습니다.
일주일에 몇 번씩 혈액투석을 해야만 하는 사람이 있습니다.
우리 가족이 알고 있는 사람 중에 그런 사람이 있을 수 있습니다.
예수님, 오줌을 눌 때 마다 힘이 듭니다. 소변을 보는 데 조절이 힘
듭니다. 신장의 기능을 정상이 되도록 지켜 주옵소서.
예수님의 이름으로 명하노니,
신장의 모든 병들이 이 순간 깨끗이 치유되었음을 믿습니다.

12 허리 뒤로 손을 가지고 가십시오.
〈허리〉를 치유하겠습니다.

좋으신 예수님! 치유자이신 예수님!
건강한 허리로 치유시켜 주십시오.
허리 수술을 받은 사람이 있습니다. 허리가 아프지 않은 사람이
없을 만큼 허리 때문에 고통 받는 사람들이 많습니다. 허리 디스
크 때문에 늘 힘들어 하는 사람이 있습니다.
신경이 눌릴 때마다 대콧 창이로 수시는 것처럼 아픈 사람이 있

습니다. 전도나 여행을 떠나도 같이 갈 수가 없습니다. 교회 계단을 오를 때마다 끙끙 소리를 내면서, 간신히 걸어 올라갑니다.
예수님, 삼손의 허리보다 더 강한 허리를 주셔서,
이 건강한 허리로 주님 말씀 방방곳곳에 알릴 수 있도록 도와주시옵소서.
예수님의 이름으로 명하노니,
허리의 모든 병, 오늘 이 순간 깨끗이 치유되었음을 믿습니다.

13 아랫배 전체에다 손을 가져다 대십시오.
　　〈아랫배〉를 치유하겠습니다.

예수님, 치유와 나음을 받기 원합니다.
특히 5장 6부가 있는 배의 자리에다 손을 가져다 대시면 됩니다.
치유자이신 예수님!,
죽은 나사로 살렸던 예수님!,
앉은뱅이 일으켰던 능력자이신 예수님!,
장님을 눈뜨게 했던 예수님!,
하혈하던 여인의 피를 멈추게 했던 사랑의 주님!,
당신이 만지고 있는 아래 배에도 많은 장기들이 있습니다.
그 많은 장기를 일일이 다 말씀드리지 않아도, 어디가 안 좋은지 아실 것입니다.
주님, 당신의 딸들이 앓고 있는 부인과의 병이 있습니다.
당신의 아들이 또한 앓고 있는 병도 있습니다.
치질 때문에 고생하는 사람이 있습니다.
5장 6부의 기능에 성령께서 좌정하여 주셔서 모든 대사기능이 정상적으로 움직이게 하시고 그 기능들에 건강케 하사 일체의 질병이 걸리지 않도록 지켜 주옵소서.
예수님의 이름으로 명하노니, 아랫배에 있는 모든 장기들의 병들이 하나도 예외 없이 이 순간 깨끗이 치유되었음을 믿습니다.

14 무릎에다 손을 대십시오.
〈무릎〉을 치유하겠습니다.

지금 많은 분들이 치유가 일어나고 있습니다.
좋으신 주님, 살아 계신 예수님, 감사합니다.
당신의 성전에 찾아온, 당신을 만나러 온 이들을 치유해 주시니 감사합니다.
무릎이 아픕니다. 사고 때문에 무릎 수술을 한 적이 있습니다.
연골이 없는 사람이 있습니다.
주님 앞에 무릎을 꿇고 기도하고 싶어도 무릎을 꿇을 수가 없습니다. 걸을 때마다 통증이 심해 걸을 수가 없습니다.
예수님의 이름으로 명하노니,
불치의 관절염은 들을지어다. 관절염은 치유될지어다. 통증은 사라질지어다.
건강한 무릎주시면 전도할 것을 약속드리며, 무릎에 있는 모든 병, 예수님의 보혈을 의지함으로 이 순간 치유되었음을 믿습니다.

15 발 주변에 손을 가져다 놓으시기 바랍니다.
〈발목, 발바닥, 발〉에 있는 병 치유하겠습니다.

예수님! 발목이 습관적으로 삐는 사람이 있습니다.
걸을 때마다 자꾸 겹질립니다.
그리고 무좀 때문에 고생하는 사람이 있습니다.
그리고 발바닥에도 암이 생긴다고 합니다.
이것 때문에 고생하는 사람들이 많이 있습니다.
그러나 건강한 발을 주셔서 잘 걸어 다닐 수 있도록 고쳐주시니 감사합니다.
우리는 평생 발의 도움과 힘으로 왕성한 활동을 하기 원하오니, 발에 있는 모든 피로를 회복시켜 주시고, 건강하고 혈액 순환이 잘 되는 발목이 되게 하옵소서.

예수님! 당신이 만지고 있는 발에 있는 모든 병, 오늘 이 순간 깨끗이 치유되었음을 믿습니다.

【 우리 다함께 기도하겠습니다. 】

치유자이신 하나님 아버지, 저의 온 몸을 악한 영들의 속박으로부터 자유하게 하신 것을 믿습니다.
저를 자유하게 하신 하나님의 사랑과 능력으로 인해 하나님께 감사와 찬양을 드립니다.
예수님의 이름으로 악한 영들의 모든 침입로를 차단할 뿐 아니라, 모든 취약성을 제거합니다.
이 시간 모든 부족한 부분을 성령으로 채워주옵소서.
머리부터 발끝까지, 그리고 생각과 감정과 의지를 성령으로 충만하게 채워 주옵소서.
나사렛 예수 그리스도의 이름으로 저의 몸과 마음과 감정과 의지 및 저의 삶을 축복합니다.
예수님의 보혈로 성결하게 하여주옵소서.
예수님의 이름으로 육신의 모든 병이 오늘 이 순간 깨끗이 치유되었음을 믿습니다.
예수님의 이름으로 기도드립니다. 아멘.

05 내적 치유기도
이제 내적 치유기도에 들어가겠습니다

이제 내적치유에 들어가도록 하겠습니다.

"나는 예수님의 이름으로, 오늘 이 순간 깨끗이 치유되었음을 믿습니다."

오늘 마음의 상처가 있는 분은 가슴에 손을 얹어 주시기 바랍니다.
누군가를 미워하는 사람도 가슴에 손을 얹어 주시기 바랍니다.
아직도 마음에 미움의 쓴 뿌리가 있는 사람도 마찬가지입니다.
여러 가지 부정적 감정이 해결되지 않은 분 있습니까?
가슴에 손을 얹어 주시기 바랍니다.
또한 몸이 아픈 분은 아픈 곳에 손을 얹어 주시기 바랍니다.
우리의 속사람이 치유되어야 참된 기쁨과 행복, 그리고 자유를 누릴 수 있습니다.

사랑의 주님, 그리고 하나님 아버지 참으로 감사합니다.
손을 얹은 자마다 믿음대로 기적이 일어나게 하여 주시옵소서.
상처의 마음들, 과거의 여러 가지 실패와 아픔을 오늘 깨끗이 씻어 주시옵소서.
과거의 나쁜 생각과 추억의 감정을, 그리고 미움과 분노, 원망함을 오늘 완전히 치유하여 주옵소서.
지금 문제가 희망으로, 절망이 절대 행복으로 바뀌게 하옵소서.
예수님의 나무 십자가로 다스려 주시옵소서.
주님의 보혈로 다 씻어 주시옵소서.
모든 부정적인 감정은 십자가에 못 박게 하옵시고 다시 부활하게 하여 주시옵소서. 살아나게 하여 주옵소서. 생명력을 다시 자라나게 하옵소서.
그래서 나 보다 더 상처 입은 사람들을 돌보고 치유하는 사람이 되게 하옵소서.
주여, 제가 우리 가정에 축복의 통로가 되게 하여 주시옵소서.
기적의 열쇠가 되게 하여 주시옵소서.
오! 주여, 마음에 기쁨이 넘치게 하시고, 감사가 넘치게 하시고, 비난 비평 불평은 다 사라지게 하옵시고, 절대 적극적이고 긍정적인

마음으로 일곱만 넘어져도 여덟 번째 일어나는 진정한 성공자가
되게 하옵소서.
좋으신 하나님 아버지!
내 머리카락 하나, 하나, 내 살아 온 과거 하나, 하나,
또 우리 조상의 영원의 삶까지도 알고 계시는 주님,
오늘 말씀과 찬양으로 양육시켜주고, 성령이 오시어 우리와 친구
가 되어 주시니 감사합니다. 오셔서 내 속사람을 치유해 주시니
감사합니다.
지금 이 순간 깨끗이 치유되었습니다.
아멘.

가장 중요한 것은 여러분이 어떤 마음으로 치유의 기도를 받아 들이
냐? 에 달려 있습니다.

"뭐, 목회자가 치유의 말을 한다고 해서 내 몸뚱어리의 병이 나을까?"
이렇게 부정적으로 생각하시면 절대로 낫지 않습니다. 항상 여러분의
믿음이 여러분을 살리게 될 것입니다. 다만 입을 벌리면 하나님께서는
치료해 주십니다. 나의 믿음과 입의 고백에 치유가 있기 때문입니다.

1 우울함과 무기력함이 주는 문제들
지금 이 시간 깨끗이 치유되었음을 믿습니다.

주님! 요즘 갑자기 이상하게 마음이 우울해질 때가 많습니다.
특별한 문제나 사건이 있는 것도 아닌데 그냥 마음이 심란하고
우울하고 무기력해지며 삶에 의욕이 없을 뿐만 아니라 신앙에 신
이 나지 않습니다.
주님, 아마도 내 안에 우울한 기운이 들어와 있는 것 같습니다.
이 우울한 기분을 몰아내고 싶습니다.
몹시 마음이 심란하고 어둡고 우울한 상태에 있을 때가 많습니다.
정확히 표현할 수는 없지만 무언가에 눌려 있는 것 같습니다.
아마도 악한 영이 주는 묶임이 아닌가 생각이 듭니다.
이 시간 입술의 고백으로 어두운 마음과 우울한 마음을 대적하고
쫓아냅니다.

이 우울함을 가져다주는 악한 영들아,
나는 예수님의 이름으로 너를 대적한다. 그리고 결박한다.
그러니 지금 묶임을 놓고 떠나갈 찌어다. 당장 사라질지어다.
무기력한 마음이 회복될지어다!

이제 마음이 이유 없이 우울하고 눌리는 기분이 사라졌습니다.
주님, 이제 외로움에서부터 오는 우울함, 또는 고독감에서부터 오
는 무기력 등을 대적하였습니다. 그 자리에 자유와 기쁨으로 가득

채워 주시기를 바랍니다.
악한 영이 침투하는 곳을 차단되었으니, 마음에 행복감과 평화로 임하게 하옵소서. 그러므로 "우울함의 악한 영들아, 떠나가라! 주의 이름으로 명령한다."
우울함과 무기력으로 인한 모든 마음의 상처, 이 시간 깨끗이 치유되었음을 믿습니다. 회복되었음을 믿습니다.
예수님의 이름으로 기도드립니다.

2 그동안 불안감과 쫓김이 주는 상처들
지금 이 시간 깨끗이 치유되었음을 믿습니다.

주님!
내 안에 주님의 임재가 충만하기를 원합니다.
저는 늘 불안한 마음과 쫓김을 가지고 살아왔습니다.
고통의 시간이었습니다.
그동안 얼마나 불안감 속에서 살아왔는지를 알 수가 없습니다.
사소한 일에도 불안감을 느끼며 전전긍긍하며 살았습니다.
심지어는 가슴에 심한 압박감까지도 느낍니다.
사람을 만나는 일, 새로운 장소로 가는 일, 그리고 혼자 있는 시간에는 더욱 더 마음이 불안해져서 견디기가 힘듭니다.

중요한 일을 처리할 때도 그렇습니다.
주님, 수시로 내 마음이 답답함을 느낍니다. 그리고 가슴이 조여
드는 느낌이 들 때가 요즘은 더욱 자주 일어납니다.
지금 주님의 이름으로 이 불안감을 이기기를 원합니다.
그동안 불안감과 쫓김이 주는 모든 상처들,
지금 이 시간 깨끗이 치유되었음을 믿습니다.
마음에 평화와 행복감으로 채워졌음을 믿습니다.
불안감과 쫓김으로 인한 모든 마음의 상처,
이 시간 깨끗이 치유되었음을 믿습니다. 회복되었음을 믿습니다.
예수님의 이름으로 기도드립니다.

3 분노와 복수심이 주는 상처들

지금 이 시간 깨끗이 치유되었음을 믿습니다.

예수의 이름으로 악령들에게 떠날 것을 명령하노라.
이 사역을 통해 악령들로부터 우리를 안전하게 보호해 줄 것입니다.
예수의 이름으로, 너 (탐욕, 분노)의 영에게 명하노니, 나에게서 물
러갈지어다.
나는 하나님의 택함 받은 자녀로서 너 더러운 영에게 명하노니,
이 하나님의 피조물로부터 물러갈지어다.

예수 그리스도의 이름으로 너 더러운 영에게 명하노니,
이 하나님의 피조물에게서 떠나갈지어다.
이 사역을 통해서 나를 사로잡고 있는 악령들의 속박으로부터 자유롭게 될 수 있음을 믿습니다.
사랑의 용서함으로 이기게 하옵소서.
용서의 능력이 나의 모든 분노와 복수심이 주는 상처들 다 치료하여 주옵소서.
분노와 복수심으로 인한 모든 마음의 상처,
이 시간 깨끗이 치유되었음을 믿습니다.
회복되었음을 믿습니다.
예수님의 이름으로 기도드립니다.

4 가계로 내려오는 상처들

지금 이 시간 깨끗이 치유되었음을 믿습니다.

좋으신 하나님!
저희들은 상처가 많습니다.
이 상처로부터 해방되지 않으면 영적인 생활을 단 한 발자국도 할 수 없음을 압니다.
주님 안에서 기쁘게 살기를 원합니다.

주님 안에서 행복하게 살기를 원합니다.
주님, 다시 한 번 거룩한 입술을 주십시오.
오늘 거룩한 목회자의 입을 통해서 상처가 치유되기를 믿습니다.

좋으신 하나님, 가계로부터 내려오는 상처로부터 해결되기를 원합니다. 저희들은 저의의 조상들의 삶을 모릅니다.
얼마나 많은 사람들이 자살을 하고, 얼마나 많은 사람들이 무당 짓을 하고, 얼마나 많은 사람들이 악한 영에게 봉헌을 했는지 모릅니다.
또 얼마나 많은 사람들이 하나님과 등을 지고 살았는지 모릅니다. 저희들은 조상들의 내력을 잘 모릅니다. 그러나 그 어둠이 저와 우리 자녀와 가정에 영향을 주고 있다는 것을 저희들은 살면서 체험합니다.

주님, 당신의 성만찬과 세례와 보혈로 벽을 쌓아 주셔서,
다시는 나와 나 자손들에게 가계로부터 내려오는 상처로 괴로움을 당하지 않고 오늘 이 순간 가계로 내려오는 상처가 깨끗이 치유되었음을 믿습니다.
예수님의 이름으로 기도드립니다.

5 내 부모로부터 받은 내 상처들

지금 이 시간 깨끗이 치유되었음을 믿습니다.

치유자이신 예수님!
아버지 어머니로부터 받은 상처가 치유되기를 원합니다. 아버지에 대한 좋은 기억이 없습니다.
아버지는 늘 술을 먹고 가족들을 괴롭혔습니다.
늘 온전치 못한 모습으로 권위를 잃었던 아버지였습니다.
아버지에게 맞은 것이 지금도 기억이 납니다.
어머니도 저에게 상처를 많이 주었습니다.
자식들을 차별하였고, 따뜻한 말 한마디 엄마에게 들어본 적이 없습니다.
엄마가 바람이 나서 집을 떠날 때, 엄마를 죽이도록 미워했던 적도 있습니다.
가정의 가난과 나를 소홀히 대한 것들, 이 시간 내려놓습니다.
예수님! 이제는 내 기억 속에 있는 아버지 어머니로부터 자유로워지고 싶습니다. 아직도 내 기억 속에는 울고 있는 아이가 하나 있습니다.
이제 그 아이의 울음을 그치게 하고, 이제는 자유롭게 해방시켜 주기를 원합니다.

좋으신 예수님! 내 부모로부터 받은 내 상처들 오늘 이 순간 깨끗이 치유되었음을 믿습니다.
예수님의 이름으로 기도드립니다.

6 형제 자매로부터 받은 상처들
지금 이 시간 깨끗이 치유되었음을 믿습니다.

치유하시는 예수님!
형제자매로부터 받은 상처 치유받기를 원합니다.
같은 피와 살을 한 가정에서 부모로부터 받았지만, 어린 시절에는 그토록 따뜻하고 우애가 깊었던 누나요, 오빠요, 동생이었건만, 이제는 왕래조차 하지 않고 산지 오래되었습니다.
오빠가 싫습니다. 누나한테 받은 상처가 깊습니다.
동생들로부터 받은 상처가 용서하기가 어렵습니다.
그 알량한 제사 때문인지, 유산 때문인지, 물질이 뭐 길래, 우리 형제자매들을 갈라 놓았습니다.
나에게 받은 오빠의 상처도 있을 것입니다.
내가 준 누님의 상처도 있을 것입니다.
동생들도 나한테 받은 상처도 있을 것입니다.
피를 나눈 형제가 상처를 주고받은 것이 있을 것이니,

주님, 치유하시는 하나님의 능력으로 이 순간 깨끗이 치유되었음을 믿습니다.
능력의 주님, 나의 형제 관계 속에서 이간질을 했던 악한 영들의 활동을 예수님의 이름으로 묶고 차단합니다. 묶임이 끊어질 것을 선포하노라.
이 시간 사탄이 획득한 모든 힘과 유익과 권리를 파기하고 제거합니다. 부정적 묶임으로 손상된 모든 형제간의 관계가 정상적으로 복구되고 회복되었음을 선포하노라.
주님, 묶임을 끊으시는 하나님의 능력으로 이 순간 깨끗이 치유되었음을 믿습니다.
예수님의 이름으로 기도드립니다.

7. 자식으로부터 받은 상처들

오늘 이 시간 깨끗이 치유되었음을 믿습니다.

살아계신 예수님!
자식들로부터 받은 상처 치유받기 원합니다.
애지중지 키웠던 자식입니다. 금이야 옥이야 키웠던 자식입니다.
이제는 이렇게 버림받고 살아갑니다.
며느리의 눈치를 보고, 사위의 눈치를 보고 부모에게 상처를 주고 살아갑니다.

주님, 내 자식이 아님을, 하나님의 자식임을 이제야 깨닫습니다.

내 속으로 났지만, 내가 키우고 있는 자식도 하나님의 자식임을 인정하겠습니다. 이제 자식에게 기대지 아니하겠습니다.

자식으로부터 받은 상처 있을 것이니,

오늘 이 시간 깨끗이 치유되었음을 믿습니다.

예수님의 이름으로 기도드립니다.

8 부부지간에 주고받은 상처들

오늘 이 시간 깨끗이 치유되었음을 믿습니다.

치유하시는 예수님, 살아계신 예수님!

부부간에 주고받은 상처 치유받기를 원합니다.

남편이 믿습니다. 아내가 믿습니다.

남편이 위선자처럼 생각이 나고, 정말 아내에게 아무런 정이 없습니다.

자식들에게 미안합니다.

내 남편 사랑하게 해 주십시오.

내 아내 사랑하게 해 주십시오.

주님은 우리 부부사이를 잘 아십니다. 부부들이 얼마나 많은 죄를 지으며, 마지못해 살아가고 있다는 것 알고 있습니다.
사랑도 식은지 오래요. 이제는 의무마저 하기도 싫어합니다.
부부지간에 주고받은 상처,
오늘 하나 되기를 원하시는 하나님의 능력으로 오늘 이 시간 깨끗이 치유되었음을 믿습니다.
예수님의 이름으로 기도드립니다.

9. 복잡한 사회생활, 동료들로부터 주고받은 상처들

이 시간 깨끗이 치유되었음을 믿습니다.

좋으신 예수님!
사회생활을 하면서 직장동료들끼리 주고받은 상처가 치유되기를 원합니다. 같이 있는 동료가 정말 밉습니다. 사람을 무시하고 막대합니다.
용서가 안 됩니다. 나에게 어려운 일만 시키는 상관이 싫습니다.
예수님! 이 복잡한 사회생활을 하면서 동료들로부터 주고받은 상처 있을 것이니, 치유하시는 하나님의 능력으로 이 시간 깨끗이 치유되었음을 믿습니다.

10 교회 성도와 목사님과 주고받은 상처들

이 시간 깨끗이 치유되었음을 믿습니다.

사랑 자체이신 예수님!
교회 성도와 목사님과 주고받은 상처 치유받기를 원합니다.
하나님이 보내주신 목회자요, 하나님이 맺어주신 목회자입니다.
하나님이 주신 교회의 성도입니다.
마땅히 내가 잘 돌보고 섬겨야 할 성도요 목회자이지만,
이제는 거리가 멀어졌고, 의무마저 다 하지 못하고 있습니다.
무슨 이유인지 모르겠지만 많이 서운해져 있습니다.
불평했고, 비교했습니다.
목사는 하나님의 대리자라 믿습니다.
그런데 약한 모습과 상처 받은 것이 있다면, 치유받기를 원합니다.
험담한 것을 고백합니다.
하나 되기를 원하시는 하나님의 능력으로 이 순간 깨끗이 치유되었음을 믿습니다.
예수님의 이름으로 기도드립니다.

11 유전적, 생물학적, 환경적인 요인으로 발생하는 우울증

이 시간 깨끗이 치유되었음을 믿습니다.

주님!
가장 흔한 병이 우울증이라고 합니다.
한국 사람의 약 50%가 우울증 환자라고 합니다.
어린아이로부터 노인에 이르기까지 두루 우울증에 빠져 절망하고 결국 자살로 인생을 마감한다고 합니다.
지금 우울증으로 인한 자살의 영은 떠나가게 하여 주옵소서.
우울증으로 인한 모든 마음의 상처들,
이 시간 깨끗이 치유되었음을 믿습니다. 그리고 회복되었음을 믿습니다.
예수님의 이름으로 기도드립니다.

12 거부감, 왕따, 열등감, 죄의식, 수치

이 순간 깨끗이 치유되었음을 믿습니다.

예수님!
이 시간 부정적 감정을 치료합니다.
예수님의 이름으로 거부감의 뿌리를 뽑아 버립니다.

지금 거부감을 관련된 모든 상처를 치료하여 주옵소서.

원하지 않았던 아이, 유산과 낙태, 엄마의 두려움, 담배와 술, 그리고 가정불화, 이상한 성경험, 입양아, 친구들간의 왕따, 심한 욕, 형제들 간의 경쟁, 이혼, 배우자의 외도, 파혼 등 거부감을 파생시키는 모든 악한 영들의 침입노를 예수의 보혈의 능력으로 막아 주십시오.

그 모든 통로를 차단하여 주옵소서.

사랑하는 나의 아버지,

나는 거부감으로 생긴 모든 부정적 감정을 인정하고 주님께 올려 드립니다.

나의 거부감의 깊은 뿌리를 치료하여 주옵소서.

나를 거부한 ○○○(이름)를 용서합니다.

나 자신을 있는 모습 그대로 받게 하여주시옵소서.

거부감과 열등감, 죄의식, 수치 그리고 왕따를 제공하는 악한 영들을 예수님의 이름으로 추방합니다.

그리고 지금 나 자신을 축복합니다. 사랑합니다.

나를 사랑하시는 하나님의 능력으로,

오늘 이 시간 거부감, 왕따, 열등감, 죄의식, 수치 등이 깨끗이 치유되었음을 믿습니다.

예수님의 이름으로 기도드립니다.

13 내가 상처 준 사람들을 용서하는 기도

이 순간 깨끗이 치유되었음을 믿습니다.

성령님의 도우심에 감사드립니다.
하나님께서 나를 용서하시기를 원하는 것과 같이, 나는 의지적으로 내게 해를 입혔거나 잘못했거나 부정적인 말을 통해 영향을 준 모든 사람들을 이 시간 용서합니다.
나는 ○○○(가해자 이름)가 _____(행동, 죄)로 나에게 상처를 준 것에 대해 용서합니다.
나는 삶의 여정에서 모든 상처를 예수님의 발 앞에 내려놓습니다.
나의 상처를 주었던 미움, 원한, 쓴 뿌리, 앙갚음, 복수심, 교만 등 모든 부정적 감정을 주님 앞에 내려놓습니다.
나는 내가 상처를 준 모든 사람들을 축복합니다.
부정적 감정을 거두어 가시는 하나님의 능력으로,
오늘 이 시간 내가 상처를 준 모든 사람들을 용서하며 축복함으로 깨끗이 치유되었음을 믿습니다.
예수님의 이름으로 기도드립니다.

14 우상숭배, 미신, 굿, 점, 주문, 이단집회 참여, 사술을 끊는 기도

이 순간 깨끗이 치유되었음을 믿습니다.

능력의 하나님 아버지!
성령님의 인도하심을 믿습니다.
저는 과거와 현재에 우상숭배, 미신, 굿, 점, 주문, 이단집회 참여, 사술에 참여하고, 사탄에게 맹세하고 서약한 모든 것을 예수님의 이름으로 회개하고 취소합니다.
하나님 외에 다른 신에게 기도하여 받은 여러 종류의 유익, 힘, 권리를 회개하고 거부합니다.
하나님이 기뻐하시지 않는 물건, 장소, 만남, 접촉된 것을 회개하고 끊어버립니다.

이 시간 나사렛 예수 그리스도의 이름으로 저와 내 삶에 침입한 사탄과 그의 악한 영들의 모든 활동을 대적하고 끊어버립니다.
예수의 이름으로 추방합니다.
이미 나간 영들이 다시 들어오는 것을 금지합니다.
내 삶 중심에 예수님의 십자가와 빈 무덤을 배치합니다.
죽음의 권세를 깨뜨리고 부활하신 예수님의 능력으로
주님, 오늘 이 시간 내가 우상을 가까이하고, 우상을 의지했던 모든 것을 회개하오니, 성령의 충만함으로 회복시켜 주시니 감사합니다.
이제 깨끗이 치유되었음을 믿습니다.

주님!
내적 치유기도에서 일일이 다 표현하지 못한 마음의 병조차도 다 치료해 주셔서 나음을 받았습니다. 이제 깨끗이 치유되었음을 믿습니다. 감사합니다. 다시 한 번 치유 기도를 드립니다.
온전하고 완전히 깨끗이 치유되었음을 감사드립니다.

예수 그리스도의 이름으로 명하노니,
아직도 내 안에 남아 있는 모든 불안, 근심, 걱정, 염려, 두려움, 수치심, 거절감, 어둠, 공포, 우울증, 열등감, 말더듬 등은 지금 나로부터 영원히 떠나갈지어다.
나는 지금 다 나았습니다.
나는 지금 매우 건강합니다.
나는 그 사실을 마음으로 믿습니다.
예수님의 이름으로 기도드립니다.

06 암, 불치병을 파쇄하는 치유기도

이 장에서는 암, 불치병을 고치는 사역을 하겠습니다.

만일 당신이 일반 의사가 처방해 주는 약을 매일 꼬박꼬박 복용하는 것과 똑같은 정성으로, 그리고 믿음으로 하나님의 말씀을 매일 정량으로 복용한다면 반드시 치유를 받게 될 것입니다.

여러 형태의 암, 관절염, 심장병, 뇌, 에이즈, 회귀병 등 불치병을 치료해 주실 것입니다. 지금 예수 그리스도의 이름으로, 당신의 질병을 묶고 결박하여 꾸짖고 쫓아내고 명령하십시오. 놀라운 치유의 역사가 일어날 것입니다.

암, 불치병을 치유하기 위한 기본공식 기도문

요한일서 4:4

자녀들아 너희는 하나님께 속하였고, 또 그들은 이기었나니 이는 너희 안에 계신 이가 세상에 있는 자보다 크심이라.

먼저 성령님을 온전히 의지하십시오.

하나님의 말씀을 붙들고 그리고 믿고 그것을 입으로 선포하면 치유의 능력이 나타납니다. 문제는 하나님의 의약인 말씀과 기도를 정기적으로 복용해야 하는데, 확신 없이 섭취하는 것이 문제가 있습니다.

한번은 타임스지에 신경외과 의사가 쓴 기사가 이렇게 실렸습니다. 그 기사의 제목은 "다발성 경화증을 제거하려면 몸을 향하여 말하라!"였습니다. 즉 자신의 몸에게 스스로가 명령하는 말을 하라는 것입니다. 그는 당뇨병 환자가 자신의 췌장에게 "췌장아, 너는 인슐린을 분비하라."고 날마다 확신을 가지고 명령했습니다. 이렇게 말씀을 복용한 후 치유함을 받았습니다.

또 고혈압 환자가 하루에 수차례 이상 "나의 혈압은 120에서 80이다."라고 명령하였습니다. 결국 혈압은 정상적으로 돌아왔습니다.

그렇습니다. 내 입으로 내뱉은 말은 당신의 몸에 직접 명령을 내리는 것입니다. 결국 나의 면역체계는 당신이 내린 그 명령에 반응하는 것입니다. 다시 말해서 인간의 몸은 스스로 치유할 능력이 내재해 있습니다. 이미 주님의 자녀 신분인 그리스도인에게는 치유의 권세와 능력을 주셨기 때문입니다.

치유의 핵심(core)은 예수님 앞으로 문제를 가지고 나오는 것입니다. 그러므로 내가 치유자 그리스도를 확신하는 것이 일차적인 믿음의 표시입니다. 그러면 예수님은 당신의 질병을 담대히 꾸짖어 주십니다.

- 지금 질병으로 고통당하고 있는가?
- 가족이나 주위에 병든 사람이 있는가?
- 통증으로 괴로워하는 자가 있는가?
- 암이나 불치병으로 절망하고 있는 사람이 있는가?

지금 몸의 아픈 부분에 손을 얹은 다음 예수 그리스도의 이름으로 선포하십시오. 암과 불치병일라도 그리고 질병을 꾸짖어 보십시오. 치유받게 될 것입니다. 다음의 기본공식을 적용하여 치유사역을 하십시오.

【 질병을 치유하는 기본공식 】

나사렛 예수 그리스도의 이름으로 명하노니,
(나, 환자이름)를 괴롭히고 고통스럽게 하는 (질병의 명칭)은
(나, 환자이름)의 몸에서 사라질지어다. 떠나갈지어다.
예수님의 피를 뿌림으로, 지금 깨끗이 나음을 입었도다.

> (*질병의 명칭*)아!,
> 너를 예수 그리스도의 보혈로 덮노라!
> 주님의 피를 바르고 뿌리노라!
> 그러므로 깨끗이 치유되었음을 예수님의 이름으로 선포하노라.
>
> (*질병의 명칭*)은 당장 사라질지어다. 떠나갈지어다.
> (*말씀*)으로 선포하노라.
> 예수님의 이름으로, 이 순간 깨끗이 치유되었음을 믿습니다.
> 아멘

다음은 말씀으로 암과 불치병 그리고 질병을 치유하는 능력 말씀입니다. 말씀을 수시로 읽고 외워서 우리의 삶에 말씀만 적용해도 능력으로 나타납니다. 그 이유는 치유자 그리스도는 말씀으로 임재하여 계시기 때문입니다. 그러므로 필히 치유기도 기본공식을 외우시어 담대히 선포하시기 바랍니다. 거기에다 말씀을 적용하면 그 효력을 더욱 강력함으로 아래의 기본적인 말씀도 함께 외우시기 바랍니다.

① **이사야 53:4**
그는 실로 우리의 질고를 지고 우리의 슬픔을 당하였거늘 우리는 생각하기를 그는 징벌을 받아 하나님께 맞으며 고난을 당한다 하였노라

② 마태복음 8:17

이는 선지자 이사야를 통하여 하신 말씀에 우리의 연약한 것을 친히 담당하시고 병을 짊어지셨도다 함을 이루려 하심이더라

③ 베드로전서 2:24

친히 나무에 달려 그 몸으로 우리 죄를 담당하셨으니 이는 우리로 죄에 대하여 죽고 의에 대하여 살게 하려 하심이라 그가 채찍에 맞음으로 너희는 나음을 얻었나니

④ 마가복음 16:17~18

믿는 자들에게는 이런 표적이 따르리니 곧 그들이 내 이름으로 귀신을 쫓아내며 새 방언을 말하며
뱀을 집어올리며 무슨 독을 마실지라도 해를 받지 아니하며 병든 사람에게 손을 얹은즉 나으리라 하시더라

⑤ 야고보서 5:15

믿음의 기도는 병든 자를 구원하리니 주께서 그를 일으키시리라 혹시 죄를 범하였을지라도 사하심을 받으리라

위 치유 사역 기본적인 말씀을 외워서 복용하셔야합니다. 그래서 날마

다 믿음으로 고백하십시오. 나의 면연력이 강화되며 말씀의 능력으로 치유케 되는 경험을 하게 됩니다. 아멘.

암, 불치병을 치유하겠습니다.

  이제 암, 불치병을 고치는 치유기도를 드리겠습니다.
  책의 기도문을 따라서 기도해주십시오. 믿음으로 기도하시면 그것이 죽음의 암과 불치병이라 할지라도 치유해 주십니다. 이 신적 치유기도 책을 붙들고 지속적으로 꾸준히 기도하시면 분명 좋은 결과와 함께 나음을 받으십니다.
  먼저 하나님의 임재와 영광을 위하여 성령님을 초청하는 기도를 드리겠습니다. 성령님이 오셔서 그곳에 장악해주셔야 합니다. 그러므로 성령님의 초청하는 기도를 드립시다.

다함께 기도드리겠습니다.

  성령님! 오시옵소서.
  이 시간 당신을 초청합니다. 환영하고 모셔 드립니다.
  온전히 성령님을 의지합니다. 그리고 기대합니다.

지금 상황과 문제의 크기에 관계없이 성령님을 모십니다.
주님은 치유자 그리스도이신 것을 확실히 믿습니다.

주님의 자녀를 힘들게 하는 모든 질병과 불치병을 묶임으로부터 완전히 자유케 하시고 그곳에 하나님의 임재가 임하시어 강력한 치유의 역사가 일어나게 하옵소서.
지금 이 시간 찾아오시어, 강력하게 사로잡아 주시고 성령의 칼로 수술하여 주옵소서.
이 시간 먼저 회개합니다.
모르고 지은 죄, 알고 지은 죄, 모두 다 회개하고 용서를 구합니다.
이 시간 성령님을 전적으로 의지하고 신뢰하오니, 사로잡아 주옵소서.

치유자 그리스도여!
나는 예수님의 이름으로 치유를 받은 줄 믿습니다.
이 치유기도 사역을 행하는 곳에 하나님의 임재와 능력이 임하게 하옵소서. 그리하여 하나님의 영광과 하나님의 나라가 확장되게 하옵소서. 또한 하나님의 말씀이 의약이 되게 하옵소서. 그러므로 하나님의 능력을 믿고 날마다 선포할 수 있게 하옵소서.

나는 그리스도의 몸입니다.
그러므로 하나님의 독생자이신 예수님의 피의 공로로 사신 우리들을 그 사탄이라 할지라도 우리들(나)을 지배할 권리가 없습니다. 왜냐하면, 나는 하나님께 속하였고, 이미 사탄을 이겼기 때문입니다.

주님께서 저주와 암과 불치병, 그리고 질병에서 속량하셨으니, 그 어떠한 암이나 질병도 내 몸에 들어오는 것을 금하노라!
아직도 내 몸 안에 있는 병균과 모든 바이러스는 예수 그리스도의 이름으로 즉시 죽을지어다. 떠날 갈지어다.
내 몸의 모든 기관과 모든 조직은 하나님께서 창조하신 그 완전한 상태로 기능을 발휘할지어다. 면연력은 강화될지어다.
예수 그리스도의 이름으로 명하노니,
내 몸의 모든 기능은 회복될 지어다!
예수 그리스도의 이름으로 기도하였습니다. 아멘!

고린도전서 12:27
너희는 그리스도의 몸이요 지체의 각 부분이라

암을 파괴하는 T 임파구

　암을 연구하는 사람들에 의하면 우리 몸에는 매일 매일 암 세포를 갖고 살아간다는 것입니다. 그래 매일 400개에서 5천개의 암 세포가 생깁니다. 그러므로 건강한 사람도 매일 암에 걸린 상태로 살아가는 것입니다. 그런데 우리는 다 암 환자가 되어야 하는데, 암에 걸려 있지 않습니다. 어떻게 그럴 수 있을까요? 알고 보니, 우리 몸에는 암 세포를 죽이는 자연항암제(T임파구)가 있기 때문입니다.

　오래전 뛰어난 과학자들이 몸속에 자연항암제(T임파구)가 있음은 발견했는데, 더 놀라운 것은 오늘날 과학자들이 그 자연항암제(T임파구)를 만들어내지 못하고 있다는 것입니다.

　그런데 우리 안에서 T임파구가 공짜로 암 세포를 파괴해 준다는 것입니다.

　무엇으로? 공짜로 말입니다. 하나님이 주시는 것은 다 공짜입니다.

　이것은 부작용이 없습니다. 이 자연항암제는 정말로 기차게 암 세포만을 골라서 죽이는 기능을 하고 있습니다.

　T임파구 안에는 이 자연항암제를 만들어 내는 기능이 있는데, 이것을 유전자라고 하는 것입니다. 그러므로 알 수 있는 것은, 생명이라는 것이 유전자를 켜 주는 것, 작동시켜주는 것입니다. 결국은 유전자의 프로그램을 작동시켜 주는 것이 생명이라는 것입니다. 따라서 생기가, 생명이

유전자를 켜 주는 것입니다. 그런데 생명의 가장 중요한 중심은 진리입니다.

생명은 에너지입니다. 그 생명은 예수 그리스도이십니다.

말씀에 순종하고 회개하며 기도드리겠습니다.

 암으로 오는 모든 질병과 통증을 파쇄하는 기도

지금은 암과 불치병으로 고통을 겪고 있는 모든 사람들을 위해 치유하겠습니다.

특히 암 병을 놓고 치유하겠습니다. 믿음으로 함께 기도해 봅시다.

하나님의 말씀은 초자연적입니다. 그러므로 하나님의 말씀을 믿고, 복용하여 그것을 입으로 말하고 선포하는 것은 곧 치유의 생명을 복용한 것과 동일 한 것입니다. 다음의 신적 치유의 말을 날마다 복용하십시오.

주님! 예수님의 이름으로 암 병이 지금 깨끗이 치유 받은 줄 믿습니다.

왜냐하면, 성령님을 온전히 의지했기 때문입니다.

하나님의 말씀을 믿고 크게 선포하십시오. 하루에도 몇 번이라도 말하고 선포하십시오. 절대 부작용이 없이 효과가 나타날 것입니다. 곧 암 병도, 불치병도 치유될 줄 믿습니다.

나는 그리스도의 몸입니다. 그러므로 사탄은 나를 지배할 권세가 없습니다. 또한 병을 가져다 줄 수 없습니다. 그러므로 암으로 오는 모든 질병과 통증은 사라질 것이고 낫는 은혜를 누리게 될 것입니다.

다시 말하지만 암 병은 나를 지배할 권세가 없습니다. 예수님이 나의 질병을 담당하시고 나의 통증을 가져 가셨습니다. 그러므로 나는 암이 주는 질병과 통증으로부터 해방 되었습니다.

나는 종양과 종기가 내 몸에 생기는 것을 금해야 합니다. 내 안에 있는 하나님의 생명이 종양과 종기를 녹여 없애고, 나의 힘과 건강이 회복되었습니다.(마 16:9, 요 14:13, 막 11:23) 이와 같은 진리의 말씀을 확실히 믿고 있기 때문입니다.

내 몸 안에 있는 암은 들으라.
예수님의 이름으로 암으로 오는 모든 질병과 통증은 사라질 것이고 낫는 은혜를 누리게 될 것이다.
예수님의 능력으로 암병으로 오는 모든 질병과 통증을 파쇄하노라. 암을 파쇄하노라.
예수님의 이름으로, 이 순간 깨끗이 치유되었음을 믿습니다. 아멘

한 번 더 말씀에 순종하고 회개하며 기도드리겠습니다.

2 암 종양을 파쇄하는 기도

주님, 내 육신이 주님의 통제를 받기 원합니다.

주님, 내 삶을 되돌아 볼 때, 육체의 건강을 돌보지 않고 방치한 것을 회개합니다.

주님, 주님의 자녀로서 말씀에 순종하지 못하고, 내 영혼이 거룩하게 살지 못함을 회개합니다.

주님, 주님이 주신 육신에 암 종양이 생기도록 방치한 것을 회개합니다.

주님, 가문이나 부모로부터 내려오는 유전병을 끊지 않고 있었음을 회개합니다.

주님, 잘못된 생활습관을 고치지 않고 살았음을 회개합니다.

주님, 나쁜 환경에서 온 스트레스를 해결하지 않고 쌓아둔 것을 회개합니다.

예수님의 이름으로, 내 안에 존재하는 암 종양이 온전히 파쇄되었음을 믿습니다. 파쇄될지어다.

예수님의 이름으로, 이 순간 깨끗이 치유되었음을 믿습니다.

아멘

말씀에 순종하고 회개하며 기도드리겠습니다.

3 암 세포와 조직을 다스리는 기도

예수 그리스도의 이름으로 명하노니, 스스로 자라가며 아프게 하는 암 종양의 세포와 조직은 증식을 멈출지어다!
나는 종양과 종기가 내 몸에 생기는 것을 예수님의 이름으로 금하노라.
내 안에 있는 종양과 종기는 녹여져서 없어질지어다!
나의 세포와 조직은 원래의 기능대로 돌아갈지어다.
종양과 종기 그리고 악한 세포는 내 몸에 붙어 있을 권리가 전혀 없노라.
이제는 더 이상 나와 상관이 없노라.
내 몸의 모든 기관과 조직은 하나님께서 기능을 발휘하도록 창조하신 그 완전함 가운데서 기능을 발휘할지어다.
지금 주님의 생명이 내 몸의 모든 세포에 활력과 면역력의 강화를 주고 있다.
한 번 더 예수의 이름으로 명하노니,
모든 혈관과 세포는 정상적인 기능으로 회복할지어다.
내가 예수 그리스도의 이름으로 모든 악한 세포를 파괴할지어다.
예수의 이름으로 모든 종양과 종기는 묶임을 놓고 떠나갈지어다.

예수님의 이름으로 명하노니,

내 몸에서 암 조직과 세포가 녹아 없어질지어다.

말씀이 내 몸의 모든 신경과 조직 속에 새겨져서 나는 하나님의 생명으로 건강하게 회복될 것이다.

내가 예수의 그리스도의 보혈로 암 병을 덮노라.

모든 암 조직은 녹아 없어졌고, 세포는 파괴되었고, 내 몸은 깨끗하게 될지어다.

나의 몸에 들어온 모든 병균들과 바이러스들은 즉시 죽을지어다.

모든 병균과 바이러스는 멸절시킬지어다.

예수의 이름으로 내 몸의 모든 세포는 정상이 될지어다.

예수의 이름으로 나의 면역체계는 종양이 내 몸에 자리 잡지 못하게 할지어다.

더 이상 내 몸을 암 세포가 나를 지배하는 것을 금하노라.

예수님의 이름으로, 이 순간 깨끗이 치유되었음을 믿습니다.

아멘

말씀에 순종하고 회개하며 기도드리겠습니다.

4 암, 종양이 생기도록 방치한 것을 회개하는 기도

믿음대로 될지어다.

지금 암으로 오는 모든 질병과 통증은 들을 지어다.
암 병은 나를 지배할 권세가 없노라. 암과 종양은 들을지어다.
예수님이 나의 질병을 담당하시고 나의 통증을 가져 가셨다.
그러므로 나는 암이 주는 질병과 통증으로부터 해방 되었노라.

주님, 내 육신이 주님의 통제를 받기 원합니다.
주님, 내 삶을 되돌아 볼 때, 육체의 건강을 돌보지 않고 방치한 것을 회개합니다.
주님, 주님의 자녀로서 말씀에 순종하지 못하고, 내 영혼이 거룩하게 살지 못함을 회개합니다.

주님, 주님이 주신 육신에 암 종양이 생기도록 방치한 것을 회개합니다.
주님, 가문이나 부모로부터 내려오는 유전병을 끊지 않고 있었음을 회개합니다.
주님, 잘못된 생활습관을 고치지 않고 살았음을 회개합니다.
주님, 나쁜 환경에서 온 스트레스를 해결하지 않고 쌓아둔 것을 회개합니다.
이 시간 나의 육체의 건강을 돌보지 않고 방치한 것으로 회개하오니, 용서하여 주옵소서. 예수님의 보혈로 방치하여 생긴 암 종양을 파쇄하노라. 파쇄하노라.
예수님의 이름으로, 이 순간 깨끗이 치유되었음을 믿습니다. 아멘

말씀에 순종하고 회개하며 기도드리겠습니다.

5 마음의 병 치료하는 기도

모든 병은 마음의 병으로부터 오는 것입니다. 나쁜 감정과 생각이 우리의 속으로 들어와 문제를 발생시키는 것입니다. 그러므로 잘못된 감정과 사고를 치료해야 합니다. 다음의 원리들을 큰 소리로 하루에 두세 번씩 고백하십시오. 입이 다음의 내용을 선포할 때, 마음과 입의 말이 일치될 때, 나를 건강하게 만들 수 있습니다. 마음의 병은 온전히 치유가 됩니다.

예수 그리스도의 이름으로 명하노니,
(홍길동)을 사로잡고 있는 모든 불안, 근심, 걱정, 염려, 수치심, 거절감, 어둠, 죽음의 공포, 우울증, 말더듬 등은 지금 홍길동으로부터 영원히 떠나갈지어다.
마음의 병으로 오는 모든 것을 차단하고, 마음의 모든 병을 소멸될지어다.
예수님께서는 나의 연약한 모든 질병을 짊어지셨고, 나의 병을 짊

어지셨기 때문에 나는 나음을 받았습니다. 그러므로 나는 자유합니다.
깨끗이 나음을 받았노라. 나에게는 더 이상 병이 없습니다.
예수님께서 나를 위해 병을 짊어지셨습니다.
나는 지금 그가 채찍에 맞음으로 나음을 입었습니다.
나는 지금 나았습니다. 나는 지금 건강합니다. 나는 그것을 마음으로 믿습니다.
나의 몸에 들어온 모든 병균들과 바이러스들은 즉시 죽을지어다.
주님, 제가 치유 받았다는 것을 사람들에게 자랑합니다.
나는 고침을 받았습니다. 아멘!
예수님의 이름으로, 이 순간 깨끗이 치유되었음을 믿습니다.
아멘.

말씀에 순종하고 회개하며 기도드리겠습니다.

6 병이나 질환이 내 몸에 들어오는 것을 금하는 기도

병과 질환은 들을지어다.
그리스도께서 율법의 저주에서 나를 속량하셨으니, 어떠한 병이나 질환도 내 몸에 들어오는 것을 금하노라.
내 몸에 접촉하는 모든 병균과 모든 바이러스는 예수 그리스도의 이름을 명하노니 즉시 죽을지어다.

내 몸의 모든 기관과 모든 조직은 하나님께서 가능하도록 창조하신 그 완전한 상태로 가능을 발휘할지어다.

예수 그리스도의 이름으로 명하노니,

내 몸의 모든 기능부전은 회복될지어다.(갈 3:13, 롬 8:11, 창 1:31)

예수님의 이름으로, 이 순간 깨끗이 치유되었음을 믿습니다. 아멘.

말씀에 순종하고 회개하며 기도드리겠습니다.

7 감사와 칭찬의 말로 암 치료하는 기도

감사할 때, 칭찬할 때, 웃고 기뻐할 때, 암세포를 억제시키고 치료시킵니다. 그 이유는 암을 잡는 NK(내추럴 킬러) 세포 항체를 분비시켜 더욱 튼튼한 면연체를 갖게 하기 때문입니다. 그리고 감사의 말은 하루 12시간의 효력을 가진다는 것입니다.

감사와 칭찬으로 암을 치료하기 위해서는 먼저 밝은 표정과 기분을 업 시켜야 합니다. 둘째는 얼굴의 표정을 밝고 환하게 펴 줍니다. 또 축 쳐진 어깨를 펴고, 손뼉치며 "할렐루야!" "아멘!" 하고 웃습니다. 마지막으로 충분히 기분이 업 될 때까지 웃음 운동을 반복합니다.

감사하면 감사할 일이 생깁니다. 감사하면 긍정의 힘이 생기어 암이 치료됩니다. 감사하면 힘, 에너지 능력이 나옵니다. 더구나 칭찬의 말은 죽은 세포까지 원상회복시켜 줍니다. 긍정의 말과 밝은 웃음은 죽은 세포까지 회복시켜 준다는 사실입니다.

내 안에 죽은 세포에서 병이 생기기 시작하는 것입니다. 그곳에 죽은 세포를 살리는 방법은 칭찬과 웃음뿐입니다. 감사와 칭찬 그리고 웃음과 기쁨이 암 병을 녹여 없애는 힘입니다. 늘 생활 속에서 적용하십시오.

주님, 고쳐 주셔서 고맙습니다.
주님, 낫게 해 주셔서 고맙습니다.
주님, 치유해 주셔서 감사합니다.
암을 이기게 하시니 감사합니다.

좋으신 예수님, 어찌 이 작은 몸뚱어리에 병이 이렇게 많이 있습니까?
그러나 어느 병이든, 그 병에 걸리면, 하나님 사랑할 때 방해가 될 때가 많습니다.
예수님, 우리가 스스로 다 입으로 일일이 표현하지 못한 다른 기관의 병들도 오늘 예수님의 이름으로, 이 순간 깨끗이 치유되었음을 믿습니다.

치유해 주시니 감사합니다. 고쳐주시니 고맙습니다.

말씀에 순종하고 회개하며 기도드리겠습니다.

8 종양과 종기를 치료하는 기도

나사렛 예수의 이름으로 명하노니,
나는 종양과 종기가 내 몸에 생기는 것을 금하노라.
내 안에 있는 하나님의 생명이, 모든 종양과 종기의 근원을 말라
버리고 녹여 없애고 원래의 세포 기능대로 회복될지어다.
종양과 종기는 내 몸에 붙어 있을 권리가 전혀 없노라.
이젠, 더 이상 나와는 상관이 없다.
예수님의 이름으로, 이 순간 깨끗이 치유되었음을 믿습니다.
아멘

말씀에 순종하고 회개하며 기도드리겠습니다.

9 면역체계 치료 기도

주님, 감사드립니다.
나의 면역체계는 나날이 더욱 튼튼해지고 있습니다.
나는 나의 면역체계에 생명이 있음을 선포합니다.

나의 면역체계는 내 몸의 생명과 건강을 지키고 있노라.

예수의 이름으로 나의 면역체계는 종양이 내 몸에 자리 잡지 못하게 할지어다.

예수님의 이름으로, 이 순간 깨끗이 치유되었음을 믿습니다.

아멘

말씀에 순종하고 회개하며 기도드리겠습니다.

10 뼈와 골수 치료기도

내 몸의 모든 뼈와 관절들에게 선포하노라.

예수의 이름으로 정상임을 선언하노라.

나의 뼈와 관절들은 어떠한 병에도 반응하지 말지어다.

나사렛 예수의 이름으로 내가 명하노니,

그 골수는 모든 질병을 막아주는 깨끗한 피를 생산할지어다.

나사렛 예수의 이름으로 내가 다시 명하노니,

나의 뼈와 골수는 완벽하게 기능을 발휘할지어다.

예수님의 이름으로, 이 순간 깨끗이 치유되었음을 믿습니다.

아멘

말씀에 순종하고 회개하며 기도드리겠습니다.

11 관절염 치료기도

관절염에 웃음이 최고의 치료방법입니다. 웃고 기뻐할 때, 인터페론 감마라는 항체를 분비시켜 면역력을 높여준다고 합니다.

> 예수의 이름으로 명하노니,
> 나의 관절염은 회복될지어다. 통증은 사라질지어다.
> 나의 삶에 웃는 일로 말미암아 인터페론 감마 항체가 분비될지어다.
> 예수님의 이름으로, 이 순간 깨끗이 치유되었음을 믿습니다.
> 아멘

말씀에 순종하고 회개하며 기도드리겠습니다.

12 동맥 세포 치료기도

예수의 이름으로 나의 동맥이 줄어들거나 막히지 말지어다.
동맥아, 너는 깨끗하고 탄력이 있으며 하나님께서 창조하신 원래의 기능대로 재기능을 발휘할지어다.
내 몸의 모든 세포는 생명과 건강을 북돋을지어다.

예수님의 이름으로, 이 순간 깨끗이 치유되었음을 믿습니다.
아멘

말씀에 순종하고 회개하며 기도드리겠습니다.

13 위궤양을 치료기도

현대인들은 위궤양으로 고통을 당하고 있습니다. 웃고 기뻐하는 마음을 가지면 위궤양은 악화되지 않는다는 것입니다. 즉 긍정적인 생각과 말은 병을 기적으로 치유합니다.

예수의 이름으로 나의 위궤양을 건강하게 할지어다.
내 안에 있는 위궤양으로 인하여, 암 병으로 증식되는 것을 주님의 보혈의 능력으로 명하니 멈출지어다.
예수님의 이름으로, 이 순간 깨끗이 치유되었음을 믿습니다.
아멘

말씀에 순종하고 회개하며 기도드리겠습니다.

14 두통, 어지러움 치료기도

긍정의 마음을 품고 살으면, 즉 성령님이 내 안에 내주하면 호르몬이 분비되어 두통이 일어나지 않습니다. 그러므로 이렇게 기도해 보십시오.

> 예수님이 이름으로 명하노니,
> 내 머리에 있는 두통을 깨끗이 치유될 지어다.
> 편두통을 일으키는 악한 영을 대적하노라.
> 나사렛 예수의 이름으로 명하노니,
> 이 고통을 주는 악령아, 지금 묶임을 놓고 떠나라.
> 예수님의 이름으로, 이 순간 깨끗이 치유되었음을 믿습니다.
> 아멘

말씀에 순종하고 회개하며 기도드리겠습니다.

15 심장 치료기도

하나님 아버지, 나에게 튼튼한 심장을 주셔서 감사합니다.
나의 심장은 생명의 리듬에 맞춰 고동칩니다.
나의 피는 내 몸의 모든 세포로 흘러서 생명과 건강을 넘치도록 회복시킵니다.
나의 혈압은 120에서 80 정상이 될지어다.
나의 심장 박동은 정상입니다.

예수님의 이름으로 명하노니,
혈압과 심장은 정상적으로 작동할지어다.
예수님의 이름으로, 이 순간 깨끗이 치유되었음을 믿습니다.
아멘.

다함께 기도합니다.

성령님, 감사합니다.
암, 불치병을 놓고 파쇄하는 치유기도를 드리게 하시니,
감사합니다.
낫게 하시니 고맙습니다.
종양이 사라졌고, 통증이 없어졌습니다.
면역력이 회복되었습니다.
무엇보다 긍정적인 언행과 스트레스를 극복할 수 있는 능력을 주시니 감사합니다.
이 순간 깨끗이 모든 암, 불치병이 치유되었음을 믿습니다.
예수님의 이름으로 기도드립니다.
아멘.

07
영적 인물별
창조적 능력과 전투적 기도

마가복음 11장 24절에 "그러므로 내가 너희에게 말하노니 무엇이든지 기도하고 구하는 것은 받은 줄로 믿으라 그리하면 너희에게 그대로 되리라"는 말씀이 있습니다. 받은 줄로 알고 믿음이 올 때까지 기도를 해야 되는 것입니다.

기도를 조금하다가 말면 안 됩니다. 마음에 확신과 평안이 와서 하나님께서 응답했다는 확신이 올 때까지 우리는 바라보고 믿고 기도해야만 되는 것입니다.

믿고 선포하십시오. 믿고 명령하십시오. 그러면 놀라운 기적의 체험을 하게 될 것입니다.

영적 인물별 능력의 전투적 기도

　필자가 영적 전쟁을 계속하여 연구하고 사역하는 것은 신학교에도 신적 치유사역과 대적기도라는 영적 과목이 개설되어 영적사역을 가르치는 그날이 급히 오기를 소망하며 이 책을 씁니다. 더불어 초자연적인 기사와 표적, 영적인 사역이 교회 성장에 어떠한 영향을 주는지에 대하여 연구하고자 함입니다.

　손자병법에 보면 "지피지기면 백전백승"이라고 했습니다. 그러므로 우리는 반드시 우리의 대적인 "이 어둠의 세상 주관자"와 "사탄"을 이기기 위해서는 먼저 알아야하고 그리고 추방해야 합니다.

　필자는 영적인 거장들의 삶을 계속하여 연구할 것입니다. 앞으로도 영적 거장들의 삶과 사역에 매진할 것입니다. 그리고 이들의 위대한 사역을 통해 하늘나라 건설에 힘을 보탤 것입니다. 이곳에는 교회의 회복과 영성 운동을 하는 지도자들의 기도의 글을 열거하여 담았습니다.

캐트린 쿨만(Kathryn Kuhlman)

캐트린 쿨만은 기독교 교회사에서 두 번 다시 찾아볼 수 없는 위대한 하나님의 여종이었습니다. 그녀의 사역은 20세기를 뜨겁게 했으며, 오순절의 강력한 성령의 권능을 20세기의 교회에 불러들였습니다.

캐트린 쿨만이 베니 힌 목사에게 했던 내용을 보면, "당신이 기도에 의해서 되는 것이 아닙니다. 당신의 능력에 의해서 되는 것이 아닙니다. 바로 당신 자신을 하나님께 완전히 맡기고 포기할 때 됩니다." 라고 했습니다. 그렇습니다. 살아계신 하나님의 아들 예수 그리스도의 이름으로 기도드리는 것입니다. 그분께 온전히 맡기는 것입니다.

주님, 살아계신 하나님의 아들 예수 그리스도를 믿습니다.
우리의 삶 가운데 있는 "죄"라고 하는 흰개미들도 멸하여 주시옵소서!
내 죄와 실수를 인정하고 고백할 때, 나를 모든 죄들로부터 정결케 하여 주시옵소서.
우리의 마음을 살펴 주시옵소서, 그러한 흰개미들을 멸하여 주시옵소서.
내가 자신을 바라보는 것으로부터 당신께로 내가 향할 수 있도록 도와주시옵소서.

나에게 비전을 주시고, 나를 나의 자신으로부터 벗어나게 해 주시옵소서.

아버지, 주님의 사랑과 지금까지 우리에게 없었던 정직함으로 신선한 세례를 주시길 기도하나이다.

그리고 무엇보다도 우리를 성령께서 사용하실 수 있는 곳에 있게 하여 주시옵소서.

오늘부터는 내 인생에서 가장 유익한 날들이 될 수 있도록 도와 주시옵소서. 왜냐하면, 때가 급하기 때문입니다.

우리의 책임은 큽니다. 우리 중 누구 한 사람도 주님을 실망시켜 드리지 않도록 그리고 무엇보다도 이 세상이 우리 안에 거하시는 그리스도를 보고 예수님만을 보게 되도록…. 아멘.

신디 제이콥스(Cindy Jacobs)

신디 제이콥스는 영적 전투와 중보기도를 훈련시키는 "중보의 용사들"이라는 단체의 대표이며, Women's Aglow Fellowship의 국제자문이 기도 합니다. 또한 "세계의 장군들"의 창설자이자 대표입니다.

멍에는 사탄이 사람들을 속박 가운데 묶어두기 위해 영적인 억압과 무거운 짐을 사람들 위에 얹어놓은 것입니다. 이 사탄의 멍에에 의해 노예가 된 사람들의 멍에를 꺾기 위해서는, 금식을 하는 것입니다.(사 58:6), 사탄을 매는 기도를 해야 하고 사탄에게 명령해야 합니다.(고후 4:4), 그리고 푸는 기도를 하십시오.(겔 13:18-23)

그를 놓으라고 기도로 명령하고 찬양을 부르는 것입니다.(시 149), 기름부음을 받으십시오.(사 10:27).

> 아버지, 예수의 이름으로 우리의 적이 ○○○에게 지운 멍에가 이제 부러지는 것으로 인해 감사를 드립니다.
> 사탄아, 너는 더 이상 그로 하여금 죄에 참여하게 할 수 없노라.
> 주님, 그 죄에 대하여 ○○○의 눈을 가리고 있던 눈가림이 즉시 벗겨지고 하나님 말씀의 영광의 빛과 진리가 드러나게 하심을 감사드립니다.

사탄아, 더 이상은 안 된다!
사탄아, 내가 너를 예수의 이름으로 묶는다.
너는 이 교회에 불화를 일으키는 것을 당장 그만둘 지어다.
사탄아, 하나님의 말씀에 의지하여 나사렛 예수 그리스도의 이름으로 내가 명하노니, 너는 더 이상의 싸움을 일으키지 마라.

사탄아, 네가 우리 아이의 삶 가운데서 행하는 모든 일들을 내가 금하고 묶노라.
이제 말씀에 의지하여 저희의 기도가 응답받은 것에 감사를 드립니다.
아멘.

베니 힌(Benny Hinn)

베니 힌은 1952년 이스라엘 야파에서 태어났으며, 현재는 미국 텍사스 주 어빙에 본부를 두고 베니 힌 사역의 대표자입니다. 그의 기적의 집회는 수만 명의 사람이 모입니다.

사랑하는 주님, 저를 불쌍히 여기소서.
주여, 당신은 전능하신 하나님이십니다.
그리고 당신은 의로우시며 순수하시며 거룩합니다.
성령님, 저는 기도 할 수 없어요.
저를 도와주세요.
저를 통하여 기도해 주세요.
성령님, 제 힘으로는 경배하기도 어렵습니다.
경배받기에 합당하신 하나님께 기도 하도록 도와주세요.
경배와 존귀를 받으시기에 합당하신 주님께 경배하도록 도와주세요.
주님만을 의지합니다.
아멘.

피터 와그너(C.Petr Wagner)

피터 와그너 박사는 풀러 신학대학원에서 교회성장학 교수이며, 강력한 영적 사역과 기도능력을 교회에 적용시키는 사역자입니다.

피터 와그너 박사는 영적 싸움에 있어 그 유형을 크게 3가지로 나누어 말하고 있습니다. 첫째는 귀신을 내어 쫓는 사역, 둘째는 무당, 뉴에이지, 주술가, 사탄 숭배, 점쟁이들 등 악령을 사역하는 것입니다. 그리고 마지막으로 악한 영인 지역 귀신과의 영적싸움을 말하고 있습니다. 따라서 예수의 이름으로 그 지역을 둘러싸고, 또는 꾸짖습니다.

예수 그리스도의 보혈의 능력으로 그곳을 덮고 있는 흑암의 세력을 물리칩니다. 그리고 지속적인 중보기도를 통해서 악령들의 힘을 약화시킵니다.

사탄아, 내가 너를 묶노라.
악령아, 네가 우리 교회의 일원이 되게 하려는 하나님의 백성을 붙잡고 있구나, 예수 그리스도의 이름으로 명하노니,
이 교회의 일원이 되려는 모든 사람을 풀어놓을지어다.
아멘.

메릴린 히키(Marilyn Hickey)

메릴린 히키는 미니스트리의 창립자요 대표입니다.

그녀의 사역은 특별히 하나님의 진리의 말씀을 우리의 구체적인 삶의 문제들에 대한 해답으로 제시함으로써 패배가운데 있는 영혼들을 승리의 삶으로 인도해 내는 데, 강조를 두고 있습니다.

메릴린 히키는 예수님의 보혈을 의지한 사역을 하였습니다. 그녀는 잡초를 뽑는 사역의 필요성을 강조하고 있으며 또한 영적 열매를 위해서는 가지치기를 반드시 해 주어야 한다는 것입니다. 그의 영적 열쇠는 마귀의 저주들을 예수의 이름으로 깨뜨려 버리고 끊어 버려야 하는 것입니다.

사탄을 결박하는 명령기도

이 더러운 마귀야, 너는 내 말을 들을지어다.
나의 소유가 아니야, 예수의 이름으로 내가 너를 결박한다.
너는 더 이상 내 자녀를 넘볼 수 없느니라.
이 사탄 마귀야,
나는 이제 저주 아래 있지 않아.
나는 지금 예수님의 보혈의 권세 아래 있다.

사탄아, 내가 예수 이름으로 명령한다.
지금 즉시 우리 가정을 떠날지어다.

조상의 저주를 끊는 기도

사탄과 귀신의 세력들아,
우리는 더 이상 너희와 상관이 없고,
너희도 우리와 상관이 없노라.
예수의 이름으로 명하노니,
너희 모든 사탄의 세력아,
지금 떠나갈지어다.
이제 주 예수 그리스도의 이름으로 그 언약을 파기하노라.
우리 가문의 혈통을 타고 악의 세력들이 우리 가문을 영구히 지배하고자 중얼거리는 모든 주문과 찬가를 끊어버리노라.

고백의 기도

아버지여, 나에게 여러 가지 죄악이 있음을 고백합니다.
오늘 내가 죄를 고백할 때 당신께서 신실하고 공정하게 나를 용서해 주시니 감사합니다.

내 죄악들을 회개합니다.

내 죄와 죄악을 회개할 뿐만 아니라, 내 부모님과 조부모님들이 행한 죄도 회개하며, 그들을 용서해 주시기를 요청합니다.

나도 그분들을 용서합니다.

나는 그분들을 비난하지 않습니다.

나는 보혈의 씻음을 받아들입니다.

나는 마귀를 결박하여 내 가계에서 쫓아냅니다.

예수의 이름으로 기도합니다.

아멘.

찰스 H. 크래프트(Charles H. Kraft)

찰스 크래프트 박사는 풀러 신학교의 교수였으며, 영적 축사 사역의 세계적인 권위자입니다. 또한 치유 사역자이기도 합니다. 필자는 그가 한국에 왔을 때, 세미나는 물론이고 개인적으로 만남을 가졌으며, 그의 영적 능력을 배웠고 안수까지도 받았습니다. 그의 영적 대적기도의 한 부분입니다.

예수님의 이름으로, 기도합니다.
만약 이것이 사탄으로부터 온 것이라면 당장 멈출 지어다.
사탄은 당장 물러갈지어다.
만약 너 악한 영들은 아내와 자녀와 그들의 배우자들이 나, 내 손자, 손녀들을 공격하기를 원한다면, 너는 반드시 가족의 가장인 나를 통해야만 한다.

내가 너 사탄을 묶는다.
만일 공포의 영이 이 사람에게 들어 있으면, 예수 그리스도의 이름으로 명하노니 떠나가라. 그에게서 나가라!
예수 그리스도의 이름으로 명하노니, 이 사람 속에 있는 귀신들은 그 속에 있는 다른 귀신들이나 이 사람 밖에 있는 어떤 영들로부터 도움 받지 못할지어다.

더러운 영아, 예수 그리스도의 이름으로 명하노니,
너는 떠나가서 예수님 발 앞에 가라.
주 예수님, 예수의 이름으로 자살과 살인의 영들이 지금 당장 이 사람에게서 떠나게 해 주시옵소서.
아멘.

토마스 E. 타스크(Thomas E. Trask)

GCAG의 총감독이며 25년간 목회사역을 하면서 Michigan District의 감독으로 사역하였습니다. 그의 영적 대적기도는 아래와 같습니다.

예수의 보혈로 명하노라.
아버지의 아들 예수 그리스도의 이름으로 명령하노니,
마귀야! 물러갈지어다.
사탄아, 지금 당장 물러갈지어다. 예수께서 너보다 강하다.
그러므로 너는 떠나야 한다.
예수 그리스도의 피로 기도하노니, 귀신들아! 물러갈지어다.
사탄아! 명하노니, ○○○에게서 물러갈지어다.
너는 이제 이 ○○○에게 아무 짓도 할 수 없다.
예수 그리스도의 이름으로 명하노니,
이 ○○○에게서 떠나갈지어다.
예수 그리스도의 이름으로 명하노니,
○○○을 잡고 있는 모든 것들을 끊어질지어다.
예수의 이름으로 네 유혹을 물리치노라!
아멘.

켄 가디너(Ken Gardiner)

캔 가디너는 영국 성공회 목사로서 교단의 귀신 축출 사역 담당자입니다. 그는 감독의 임명을 받아 귀신 축출 사역자로 30년 동안 능력 있는 현장사역을 수행하였습니다. 특히 악한 영의 결박을 끊는 기도를 하였습니다.

나는 예수님의 이름의 권세로 성령님을 대적하는 모든 영들을 이길 수 있는 권세를 취한다.
나는 너를 너의 모든 능력의 근원에서 차단한다.
나는 예수님의 이름과 보혈로 승리가 너의 어둠의 세력 사이에 임하시게 한다.
너는 이제 고립되어 있다.
이제 네가 이 사람에게서 떠날 시간이 되었다.
주 예수께 굴복하고, 다시는 다른 살아 있는 존재에게 들어가지 말라. 예수 그리스도의 이름으로 너는 떠나야 한다.
너희 주변을 둘러보라. 많은 네 동료들이 이미 떠난 것을 알 수 있을 것이다. 이제 너희도 떠나야 한다.
자, 이제 예수의 이름으로 즉시 떠나라!
아멘.

프란시스 맥너드

프란시스 맥너드 역시 영적 사역자입니다. 그의 방어를 위한 기도를 보면 아래와 같습니다.

> 주 예수님, 나는 당신이 내 가족을 병과 모든 해함과 그리고 사도들로부터 보호해 주실 것을 간구합니다.
> 우리는 누군가가 저주, 마법 혹은 주문에 지배받고 있다면 나는 이 저주, 마법 혹은 주문이 예수 그리스도의 이름으로 무익하고 무효가 될 것을 선포합니다.
> 어떤 악한 영들이 우리를 대항하러 보내졌다면 나는 너를 예수 그리스도의 이름을 분해시키고 나는 너를 예수님이 하시는 대로 다루시도록 예수님에게 보낸다.
> 그리고 주여, 나는 당신에게 우리 모두를 인도하고 보호해 줄 당신의 거룩한 천사들을 보내줄 것을 간구합니다.
> 아멘.

캔 손버그

캔 손버그의 물건에 대한 정결의 기도는 아래와 같습니다.

나는 성육신하신 나사렛 주 예수 그리스도의 보혈로 ○○○에 있는 모든 저주들과 주문들 그리고 속박들의 힘을 끊고 취소하고 제거하며 그리고 그 모든 것들을 깊은 구덩이 속으로 보낸다.

나는 또한 ○○○(물건이름)에 붙어 있는 모든 마귀들에게 여기에서 떠나 깊은 구덩이 속으로 갈 것을 성육신하신 나사렛 주 예수의 이름으로 명령한다.
아멘.

찰스 피니

성령이여, 오셔서 제 삶 가운데 거하사 생각과 마음을 조용히 감동하심으로 저를 감화시키소서.
오직 제 삶 속에서 예수 그리스도를 높이기 위해 당신을 알게 되기를, 구원의 길을 알고 받아들일 수 있도록 다른 이들을 인도할 수 있게 되기만을 구합니다.
예수님의 이름으로 기도합니다.
아멘.

오 주님, 저를 대적하는 자들을 위해 기도할 수 있게 하소서. 그리고 사랑과 지혜의 영에 이끌릴 때를 제외하고는 침묵할 수 있게 하소서. 사탄이 저를 겨냥하고 덤빈다 해서 저도 다른 이들을 겨냥하고 맞서지 않게 하소서.
예수 이름으로 기도합니다.
아멘.

오소서 성령이시여, 생각의 빛과 마음의 불로 오시옵소서.
거룩한 하나님의 말씀에 잠길 때, 하나님의 약속을 제 삶에 적용하려 노력할 때, 집중력이 부족하고 기억력이 없어 제가 미처 깨닫지 못하는 그 진리들에 관해 저를 일깨워 주옵소서.
저의 고민이나 저의 기쁨을 아버지 앞에 아뢸 때, 그토록 오래 전에 기록된 생명의 말씀들을 제게 나누어 주시옵소서.
예수님의 이름으로 기도합니다. 아멘.

앤드류 머레이

주님, 저의 차가운 마음을 녹여 주소서,
나의 사악한 심령을 부수어 주시고,
만져 주시어 준비시켜 주소서!
아멘.

정병태 목사

예수님은 오늘도 여러분들을 향해서 이렇게 말씀하십니다.
"수고하고 무거운 짐진자들아 다 내게로 오라. 내가 너희를 쉬게 하리라."(마태복음 11:28)
주님은 죄인도 내게 오라고 말씀하십니다. 마귀에게 잡힌자도 내게 오라고 하십니다. 병든자도, 슬픈자도, 가난자도, 절망한자도, 죽은 자도 오라고 하십니다. 왜냐하면 누구든 나아오는 자는 주님께서 다 변화시켜 주시겠다는 것입니다.
예수님은 여러분을 변화시키기 위해서 오셨습니다.
예수님이 내 가슴 속에 계셔야 구원을 받을 수 있습니다.
오늘 모두가 구원을 받고 하늘의 신령한 복을 누리시기 바랍니다.

주님,
저는 치료하지 못합니다.
그러나 예수님은 치료하실 수 있습니다.
하나님 아버지, 믿음으로 아픈 곳에 손을 얹었습니다.
하나님 아버지의 능력과 권세로 모든 질병을 멸하여 주시옵소서.
예수님의 이름으로 고쳐주옵소서.
하나님의 놀라운 치료가 모든 사람들의 손을 통해서 나타나게 하옵소서.
이 악한 마귀 원수야!
나사렛 예수 그리스도의 이름으로 명하노니,
사람들의 몸에서 떠나갈 지어다.
질병은 사라질지어다.
고통은 떠나 갈지어다.

하나님 아버지, 우리 모든 형제 자매님들 질병을 고쳐 주옵소서.
모든 사람들의 생애에 기적이 나타나게 하옵소서.

마음에 기쁨과 평안으로 채워주옵소서.
성령 충만하게 하옵서서.
문제가 해결되게 하옵소서.
하나님의 복이 임하시게 하옵소서.
모두다 하나님의 영광을 체험하게 하옵소서.
예수 그리스도의 이름으로 기도드립니다.
아멘.

08 신적인 치유의 법칙

하나님의 치유 말씀을 복용하라!

신적인 치유의 법칙

> 당신이 지금 입에서 나오는 입술의 고백을 통해서 그 말씀의 능력이 되어, 능력의 날개가 되어 우리를 덮어주시는 역사가 일어날 것이다.

"나는 예수님의 이름으로 치유를 받은 것을 믿습니다."

하나님의 말씀은 실패하는 법이 없습니다. 그래서 하나님의 말씀은 효력이 좋은 영적 치료약입니다. 하나님께서는 나를 치유하시려고 그의 말씀을 보내주셨으므로 그의 말씀은 나에게 생명이 되며 나의 온 육체에 건강과 치유가 되셨습니다. 요한복음 15장 7절 **"너희가 내 안에 거하고 내 말이 너희 안에 거하면 무엇이든지 원하는 대로 구하라 그리하면 이루리라"** 는 말씀을 고백해 보십시오. 그대로 이루어지는 치유의 은혜가 가득할 것입니다.

알다시피 예수님은 공생애 사역의 3분의 2는 치료하시는 데 시간을 보내셨습니다. 주님은 사역 기간 내내 복음을 전하고, 가르치고 그리고 치료하는 일을 계속하셨습니다.(눅 5:15, 말 4:2) 그러므로 지금도 치료자 예수 그리스도께서는 섬세하게 치료하고 계십니다. 환경과 상황을 초월하시어 치료하고 있습니다.

흔히 가벼운 감기는 약을 복용해야 병이 나을 수 있듯이, 영적인 사람은 하나님의 말씀인 약을 늘 복용해야 건강해 집니다. 여기서 복용한다는 것은 그의 말씀을 믿고 복용하여 소화시켜서 입으로 소리 내어 말하는 것입니다. 즉 믿음을 가지고 입으로 선포하는 것을 의미합니다.

만약에 당신의 몸에 건강을 원한다면 말씀인 보약을 하루에 세 번씩 큰소리로 선포하고 외치시고 주장하십시오. 그러면 당신 안에 말씀이 들어가게 될 것입니다. 그리고 치유의 효력이 나타날 것입니다.

이것이 하나님의 뜻입니다. 따라서 치유의 효력이 나타나기 위해서는 레마의 말씀이 당신 속으로 들어가게 해야만 합니다. 그러면 상처의 깊이와 관계없이 나에게 치유의 역사가 이루어질 것입니다. 그 말씀대로 행동하게 하는 치유의 역사가 일어날 것입니다.

여러분이 의사에게 기회를 주는 것과 똑같이 하나님의 말씀에 기회를 주십시오. 그러면 여러분은 매번 치유를 받게 될 것입니다. 돈은 한 푼도 받지 않으시고 진찰해 주시고 수술과 함께 약을 주실 것입니다. 이것이 치유자 그리스도께서 지금도 말씀해 주시는 것입니다.

얼마 전 병원에 갔던 적이 있었습니다. 의사가 언제 와 보라고 하니까, 정확히 요일과 시간까지 틀리지 않고 찾아갔던 기억이 납니다.

만약 의사가 "월요일에 다시 오세요" 라고 말하면 환자는 무슨 일이 있어도 월요일에 반드시 다시 갑니다. 의사가 "수요일에 다시 오세요" 하면, 수요일에 다시 갑니다. "금요일에 다시 오세요" 하면 금요일에 다시 갑니다. 하지만 하나님의 말씀이 사람의 마음속으로 들어가게 하는 데는 시간이 걸립니다. 치유를 받는 자리에 들어서기까지는 시간이 걸립니다. 그 이유는 약을 복용하는 시간이 필요하기 때문입니다.

예수 그리스도가 진짜 치유자이십니다. 믿고 말씀을 되새기며 씹어 먹는 믿음의 결단이 있기를 바랍니다.

적용 & 체험하기 - 말씀을 복용하여 관절염, 허리 등 치료하기

함께 치유의 기도를 드리겠습니다.
혹 관절염 때문에 고통 받고 있다면, 그래도 무릎 꿇고 기도하십시

> 오. 허리, 등에 심한 고통이 있다면 지금 입술을 열어 기도하십시오.
>
> 치유의 능력이 지금 내 몸 안에서 역사하면서 치유가 임할 것입니다. 이것이 하나님이 당신을 향한 마음입니다.
>
> 관절염, 허리, 등 때문에 힘든 분은 특별히 입술을 열어 선포하며 기도하십시오.
>
> 믿음의 말씀을 복용하십시오. 즉시 나을 것입니다.

열등감, 콤플렉스(complex) 치유하기

누가복음 19:4-6

앞으로 달려가서 보기 위하여 돌무화과나무에 올라가니 이는 예수께서 그리로 지나가시게 됨이러라. 예수께서 그 곳에 이르사 쳐다 보시고 이르시되 삭개오야 속히 내려오라 내가 오늘 네 집에 유하여야 하겠다 하시니, 급히 내려와 즐거워하며 영접하거늘,

누가복음 19:1~10 말씀에 보면 유명한 세리장 삭개오 이야기가 나옵니다. 예수님이 여리고로 들어가실 때에 한 사람을 치유하는 사건을 볼 수 있습니다. 이 사건은 누가복음에서만 나오는 이야기이며, 당시 "왕

따"처럼 동족으로부터 멸시받고 소외된 계층의 한 사람인 삭개오라는 사람입니다.

이는 여리고의 세관장이었고, 키가 매우 작은 사람이었습니다.

그는 이 두 가지의 열등감을 가지고 있었습니다. 하나는 직업 콤플렉스이고 다른 하나는 신체 콤플렉스였습니다. 그러나 그는 예수님을 만나고 완전히 치유 받게 되고 주님을 영접하고 절망하였던 삶을 회복하게 됩니다. 그리고 그를 통해 그의 가정이 복을 받게 되는 것을 볼 수 있습니다.

주님은 적극적인 행동과 긍정적인 태도를 가진 삭개오를 치유하고 회복하는 것을 볼 수 있습니다. 삭개오는 누가복음 19장 4절에서 보듯 앞질러 달려가 예수님을 보기 위하여 돌무화과나무에 올라갔습니다. 이런 적극적인 행동으로 자신의 콤플렉스를 치료받고 회복하게 됩니다. 또한 삭개오의 긍정적인 태도도 볼 수 있습니다.

"나무 위에 올랐고 급히 내려왔습니다. 그리고 예수님의 가정 방문을 기쁘게 영접합니다." 그런 삭개오의 행동과 태도가 가족 전체를 구원케 하였고 복을 받고 부를 유지케 하였습니다.

그렇습니다. 나의 콤플렉스(열등감)를 치료하기 위해서는 적극적인 행동과 노력, 긍정적인 사고와 태도가 나의 갖가지 열등감을 치료해 주신다는 것을 믿으시고 주님을 만나고자 하는 적극적인 행동으로 치유 받으시기 바랍니다.

적극적인 태도는 주님을 만나게 합니다. 그리고 나의 학력, 용모, 가문, 직업, 신체, 지역, 성격, 몸, 자녀 등 모든 콤플렉스를 치료해 주십시다.

오늘 우리가 올라가야 할 "돌무화과 나무(뽕나무)"는 어디인가요?

지금 적극적으로 달려가서 올라가십시오. 그 태도를 보시고 즉시 치유해 주실 것입니다.

적용 & 체험하기 - 열등감 치료하기

지금 나의 콤플레스를 치료하기 위해서는 매우 적극적인 태도와 긍정적인 마인드를 가지고 있어야 합니다. 삭개오는 매우 긍정적인 사고와 적극적인 태도가 무엇인지 나눠봅시다.

하나님의 말씀 치료법

마가복음 11:23 ~그 말하는 대로 되리라

코카콜라 기업의 회장인 "아사 캔들러"는 한 때 알코올 중독자였습니다. 어느 날 술에 취해 집에 돌아온 그는 아내와 함께 교회로 가서 기도하기로 했습니다. 기도를 마치고 돌아오는 길에 어디선가 "자신의 본능적 욕구를 절제하는 사람이 성공한다!"는 소리를 들었고, 그것이 하나님이 나에게 주신 소리라고 생각하여 변화될 수 있다고 믿고 다음의 말을 되풀이 했습니다.

"나는 알코올 중독자가 아니다. 나는 새사람이 되었다!"

그런데 놀랍게도 그에게 기적이 일어났습니다. 술을 먹고 싶은 생각, 술병에 끌리던 의지, 그리고 몸이 부르던 술이 싫어졌습니다. 대신 그는 하나님께 자신의 사업을 번창시켜 달라고 기도했습니다. 그리고 코카콜라를 세계적인 기업으로 키웠습니다.

최근 신경의학계에선 뇌 속의 언어중추신경이 모든 신경계를 지배하고 있다는 것을 발견하고 이것을 정설로 받아들이고 있습니다. 그래서 이것을 치료에 적용하는 "언어치료법(Word Therapy)"이 생겨났습니다.

이는 환자로 하여금 하루 2~3차례 일정시간(10~15분) 언어치료법을 시행하는 것으로, 만약 당뇨병 환자라면 나의 혈당치는 정상이 되고 있다"라고 반복해서 10분 정도 말하는 것입니다. 그러면 탁월한 효과가 나타난다는 것입니다.

"나의 혈당치는 정상이다." "내 머리 어지러움은 깨끗이 나았다." "나는 건강하다!" 그래서 미국 위스콘신 주의 한 병원에서 암 말기 환자에게 언어 치료법을 적용했는데, 3주 후 진통이 말끔히 사라졌고, 암은 흔적도 없이 깨끗이 사라졌다는 임상보고가 나왔다고 합니다.

말의 권세에는 치유의 능력이 있기 때문입니다. 그리고 말은 우리 신체의 신경과 조직, 세포를 죽이기도 하고 살리기도 하는 힘을 지니고 있습니다. 그래서 예수님이 그 능력을 사용하였고 그 권세를 하나님의 자녀들에게 주었습니다.

요한복음 5 장1~16절 말씀을 보면, 예수님이 베데스다 못 가의 병자를 고치신 이야기가 나옵니다. 그 못에는 38년이나 된 병든 환자가 있었습니다. 그런데 그는 병이 심해서 누워 있었습니다. 혼자서는 저 못에 들어갈 수 없는 형편이었습니다. 왜냐하면 이 베데스다 못에 천사가 내려와 물을 휘저을 때 연못에 제일 먼저 들어가는 사람의 병이 낫는다는 이야기가 있었습니다. 그래서 언제나 베데스다 못 가 주변에는 많은 병자들이 물리 출렁일 때 들어가려고 기다리고 있었던 것입니다. 그리고 예수님이 묻습니다. "건강해지고 싶으냐?"

"선생님, 물이 출렁거릴 때에 저를 못 속에 넣어 줄 사람이 없습니다. 그래서 제가 가는 동안에 다른 이가 저보다 먼저 내려갑니다."(요 5:5,6)

예수님은 그에게 "일어나 네 들것을 들고 걸어가거라."고 하셨습니다.

그러자 그 사람은 곧 건강하게 되어 자기 들것을 들고 걸어갔습니다.(요 5:8,9) 38년이나 누워 **"나를 도와줄 사람이 없다"**고 깊이 자포자기하고 있던 병자를 예수님께서는 말씀 한마디로 낫게 해주셨던 것입니다.

또 다른 이야기는 로마의 백부장의 종을 고친 이야기도 다른 것이 아닌 말로 고쳐 주었습니다. 로마의 백부장은 예수님께서 말씀만 하셔도 그 말씀의 능력으로 자신의 종의 병을 고칠 수 있다고 믿었습니다. 그래서 백부장은 예수님께 도움을 청하였습니다.

"주님, 저는 주님을 제 지붕 아래로 모실 자격이 없습니다. 그저 한 말씀만 해 주십시오. 그러면 제 종이 나을 것입니다."(마 8:8)

예수님께서는 그 놀라운 믿음을 보시고 칭찬하셨습니다.

"내가 진실로 너희에게 말한다. 나는 이스라엘의 그 누구에게서도 이런 믿음을 본 일이 없다."(마 8:10) 그리고 백부장에게 "가거라. 네가 믿은 대로 될 것이다."라고 말씀하셨을 때, 이미 그의 종은 병이 나아 있었습니다.(마 8:13)

신명기 28장 61절에 의하면, -(우울증)- 은(특정의 변명을 채워 넣을 것) 율법의 저주입니다. 그러나 갈라디아서 3장 13절에 의하면, 그리스도께서 나를 율법의 저주에서 속량하셨습니다. 그러므로 나는 더 이상 -(우울증)- 을 갖고 있지 않습니다.

신명기 28:61

또 이 율법책에 기록하지 하니한 모든 질병과 모든 재앙을 네가 멸망하기까지 여호와께서 네게 내리실 것이니

갈라디아서 3:13

그리스도께서 우리를 위하여 저주를 받은 바 되사 율법의 저주에서 우리를 속량하셨으니 기록된 바 나무에 달린 자마다 저주 아래에 있는 자라 하였음이라.

적용 & 체험하기 - 치유의 기도 올려드리기

하나님 아버지 사랑합니다.
주님 축복합니다.
주님, 오늘 우리와 함께하시고 임재에 감사드립니다.
주님께서 우리 가운데 역사하시기를 기원합니다.
함께 일어나서 기도하겠습니다.
혹시 몸이 아픈 곳이 있습니까?
지금 여러분이 제사장입니다. 치유가 일어날 것입니다.
치유자 주님을 영접하십시오.
신유는 나의 것입니다.
손을 얹은 곳을 향하여 "고통이 떠날지어다!" 외치라.
"병은 사라질지어다, 병은 떠날지어다."
치유가 임하도록 선포하라!
그 믿음대로 역사하실 것입니다.

치유의 권세를 주장하라!

예수님의 치유 법칙

> 우리는 염려, 두려움, 쓴 뿌리, 용서하지 못함, 정욕, 수치심, 죄책감, 교만, 열등감, 무가치하다고 여기는 것, 거부, 우울증, 등등 치료하는 권세를 지니고 있다.

성경을 보면 문둥병자, 앉은뱅이, 절름발이, 중풍병, 혈루증, 소경, 벙어리 등등 우리가 치유하는 방법과는 달리, 예수님은 치유를 위해 기도했다기보다는 치유를 위해 명령하셨습니다. 즉 예수님은 현재 상태에 대한 권세를 주장하셨습니다.

예를 들면, 예수님은 "**그녀에게서 열병이 떠나라**"(눅 4:39), 문둥병자에게 "**깨끗함을 받으라**"(눅 5:13), 또한 귀신에게 "**떠나라**"고 명령하셨습니다. 예수님께서 제자들에게 하나님 나라를 선포하고 하나님 나라의 능력을 보여주라고 보내실 때 예수님이 명령함으로써 하나님의 능력을 시범보인 것 같이 치유하는 권세를 그들에게 주셨습니다.(마 10:1, 눅 9:1, 10:9)

예수님께서 공생애 기간 중 열 두 제자들에게 가르치신 치유사역은 예수님이 승천한 후에도 계속되었습니다. 사도행전은 사도들과 다른 성도들을 통한 수많은 치유 사건을 기록하고 있습니다.(행 2:43, 5:12~16,

19:11~12)

　스데반과 빌립의 치유사역에 대한 일반적 언급이나 아나니아가 장님 된 사울을 치유한 구체적인 치유사역을 사도행전에 기록한 것으로 미루어 볼 때, 사도들만 치유사역을 한 것이 아님이 분명합니다. 베드로와 요한은 앉은뱅이를 치유했고,(행 3:1~10), 베드로는 죽은 도르가를 살렸고 (행 9:36~41), 바울은 죽은 유두고를 살렸고, 또한 보블리오의 부친의 열방과 이질을 치유했습니다.(행 20:9~12, 28:8)

　예수님은 우리의 죄뿐만 아니라 질병과 상처를 위해서도 죽으셨습니다.(사 53:4, 61:1) 진정한 능력은 우리가 하나님의 권세를 주장하는 동시에 사랑을 보여 주는 것입니다.

적용 & 체험하기 － 깊은 상처를 치유하는 권세

우리의 염려, 두려움, 쓴 뿌리, 용서하지 못함, 정욕, 수치심, 죄책감, 교만, 열등감, 무가치하다고 여기는 것, 거부, 우울증, 등등 치료하는 권세를 주셨습니다.

지금 예수님이 주신 치유의 권세를 주장하십시오. 깊은 상처까지도 치유해 주실 것입니다. 주신 치유의 권세 기도를 드립시다.

입으로 시인해서 구원에 이르라!

로마서 10:9-10

네가 만일 네 입으로 예수를 주로 시인하며 또 하나님께서 그를 죽은 자 가운데서 살리신 것을 네 마음에 믿으면 구원을 받으리라. 사람이 마음으로 믿어 의에 이르고 입으로 시인하여 구원에 이르느니라.

우리는 여기서 놀라운 비밀을 발견해야 합니다. 그 비밀이 무엇일까요? 다시 말해서 구원에 이르는 길이 무엇일까요? 이 원리를 적용하기만 한다면 당신은 곧 바로 성공적인 삶을 누릴 수 있을 것입니다. 지금보다 더 갑절의 능력의 삶을 살 수 있을 것입니다. 그럼 그 놀라운 비밀은 바로 "내가 입으로 선언하는 것은 그대로 된다."는 원리입니다. 그래서 로마서 10장 9, 10절에 "입으로 시인하여 구원에 이른다."고 했습니다.

또한 시편 91편 2, 3절에는 하나님께 대한 위대한 신앙고백이 있습니다. "내가 여호와를 가리켜 말하기를 저는 나의 피난처요 나의 요새요 나의 의뢰하는 하나님이라 하리니, 이는 저가 너를 새 사냥군의 올무에서와 극한 염병에서 건지실 것임이로다".

지금 입에서 나오는 입술의 고백을 통해서 그 말씀의 능력이 되어, 능력의 날개가 되어 우리를 덮어주시는 역사가 일어날 것입니다. 이와 같이 고백하니까, 말씀이 능력이 되어, 하나님이 우리의 피난처요 요새가 되어 주시며, 능력의 날개로 우리를 덮어주시는 역사가 일어나는 것입니다.

죽고 사는 권세가 우리 입에서 나옵니다. 하나님의 자녀에게 주어진 권세를 사용하십시오. 그리고 그 권세로 귀신으로부터 묶인 자를 풀어 자유케 하는 사명을 감당하시를 바랍니다. 우리가 성경 말씀을 늘 입술로 고백하면 이 말씀이 우리를 보호하는 울타리가 되는 것입니다.

말은 눈으로 보이지 않지만, 말에는 권세와 창조적인 능력이 있습니다. 말에는 환경을 바꾸어 놓는 창조적인 위대한 힘이 있습니다. 그 하나님의 위대한 능력에 대한 증거를 성경에서 볼 수 있습니다.

하나님은 말씀으로 우주를 창조하셨습니다. 단지 하나님께서는,

"빛이 있으라." 라고 말씀하시자 빛이 생겼고,

"초목이 있으라." 고 말씀하시자 땅이 온통 푸른 잎으로 뒤덮였으며,

"물이 있으라." 고 하시자 대양과 호수와 시내가 생겼고,

"별이 있으라." 고 하시자 거기에 은하계가 생겼다는 것입니다.

이것이 말씀으로 창조하신 하나님의 능력입니다. 전능하신 하나님의 힘입니다. 다윗은 시편 14편 1편에서 **"어리석은 자는 그 마음에 이르기를 하나님이 없다 하도다."** 라고 했습니다. 그러므로 환경을 바꾸어 놓는 창조적인 삶을 살기 원한다면, 시편 91편에 기록 된 신앙고백을 날마다

입술로 선언해야 합니다. 그래서 저는 매일 아침마다 시편 91편 말씀을 입술로 선언합니다.

"하나님은 나의 피난처요 나의 요새요 나의 의뢰하는 하나님이라"(시 91:2)

입술의 선언이 그대로 이루어지고, 창조적인 삶이 만들어지는 것입니다. 정말로 보이지 않는 하나님은 어디에 계실까요? 하나님은 우리 입술의 고백 속에 계십니다. 우리는 입술의 고백으로 하나님을 만나는 것입니다. 지금 그 입술의 만남의 체험을 맛보기를 바랍니다.

"하나님은 나의 피난처입니다!" 라고 입술로 고백하면, 나의 피난처가 되시는 하나님을 만나게 됩니다.

"하나님은 나의 요새입니다." 하면, 나는 하나님의 요새 속에 들어가게 됩니다.

"하나님은 나의 의뢰하는 하나님이라" 하고 고백하면, 하나님은 나의 의뢰하는 신실한 하나님이 되어 주십니다. 그러므로 우리는 입술의 고백을 통해서 하나님을 만나고 하나님 안에 들어갈 수 있다는 것을 잊어서는 안 됩니다. 그렇기 때문에 우리는 날마다 입술로 고백해야 합니다.

적용 & 체험하기 – 입술의 고백으로 주님을 만나기

> 주님,
> 입술의 선언 그대로 이루어짐을 믿습니다.
> 고백대로 하나님의 나라가 역사하십니다.
> 주님의 임재로 나아갑니다.
> 영혼의 병은 예수의 이름으로 명하노니 떠나가라!
> 절망의 병은 예수의 이름으로 명하노니 떠나가라!
> 모든 질병은 예수의 이름으로 명하노니 떠나가라!
> 가난의 병은 예수의 이름으로 명하노니 떠나가라!

초자연적인 치유 능력 메시지

예수님은 치유하실 때 다른 어떤 것보다 말의 무기를 가지고 치유의 능력을 발휘하였습니다. 즉 말씀을 가지시고 초자연적인 능력을 보여주셨습니다. 다음의 네 사건을 통해서 초자연적인 치유의 능력을 확인합니다.

[1] 바람과 바다를 잔잔하게 하시고자 할 때도 즉 광풍을 잠재우실 때, 자연을 다스릴 때도,

예수님의 사역도 보면, 주님은 모든 것을 말씀으로 이루셨습니다. 예수님은 광풍을 잠재우실 때 예수님께서 노를 저었는가? 아닙니다. 말씀의 능력으로 해결하였습니다.

누가복음 4:39
예수께서 깨어 바람을 꾸짖으시며 바다더러 이르시되 잠잠하라 고요하라 하시니 바람이 그치고 아주 잔잔하여지더라.

주님의 말씀이 그 광풍을 고요하고 잠잠하게 만들어 버렸습니다. 이 결과는 말씀의 창조적인 위력을 볼 수 있었습니다.

[2] 귀신들을 쫓아내실 때도, 병을 고칠 때도,
말씀 가지고서 귀신도 쫓아내고 말씀 가지고서 병든 자를 다 고쳤습니다. 주님이 하신 말씀이 얼마나 위대한 것인가요? 오늘날 주님께서 그 말씀을 우리에게 주셨다는 것을 알아야 되는 것입니다.

마태복음 8:16
저물매 사람들이 귀신 들린 자를 많이 데리고 예수께 오거늘 예수께서 말씀으로 귀신들을 쫓아 내시고 병든 자들을 다 고치시니 예수님은 사역을 하실 때 다른 것이 아닌 안마, 수술, 약, 칼을 사용하지 않으시고 말씀 가지시고 귀신을 쫓아내고, 병든 자를 고치시고, 광풍도 고요하고 잠잠하게 만들었습니다. 그런데, 놀라운 사실은 이 말씀의 능력을 우리에게 주셨다는 것입니다. 열두 제자뿐만 아니라 칠십이인(72)인의 제자뿐만 아니라 하나님의 모든 자녀에게 그 권세와 능력을 주시었다는 것입니다. 따라서 지금 즉시 사용하십시오. 변화, 창조, 치유를 위해서 마음껏 주신 권세와 능력을 사용하십시오.

[3] 중풍병자를 고칠 때도, 죄를 사하실 때도, 귀신을 쫓으실 때도,
성령의 능력을 우리에게 주시고 말씀을 우리에게 주셨으므로 우리가 기도하고 말하는 것은 놀라운 변화의 역사를 우리 환경에 가져오게 되는 것입니다.

주님께서 문둥병을 고칠 때도 내가 원하노니 깨끗함을 받으라 하시니 그대로 되었고 귀신을 쫓으실 때도 그 사람에게서 나오라 하니 나왔습니다. 죄를 사하실 때도 같은 결과였습니다.

마가복음 2:5
예수께서 그들의 믿음을 보시고 중풍병자에게 이르시되 작은 자야 네 죄 사함을 받았느니라 하시니 죄 사함을 받았습니다. 물로 퍼부어서 죄를 씻은 것이 아닙니다. 말씀 한마디로 죄를 용서해 주신 것입니다. 말씀 한 마디로 해결하였습니다. 능력의 말은 병, 귀신, 죄 사함까지도 해결할 수 있는 힘을 지니고 있다는 것입니다.

[4] 죽은 자를 살리실 때도, 야이로의 딸, 나인성 과부의 아들, 죽은 나사로를 살리실 때도,

죽은 자를 살리실 때도 주님께서는, 야이로의 딸을 손잡고서 **"달리다굼 소녀야 내가 네게 말하노니 일어나라."** 말씀하셨습니다. 어떻게 되었는가요? 죽은 자가 일어났습니다.(눅 8:40-56, 마 9:18-26, 막 5:21~43)

나인성 과부의 아들이 죽어 상여에 메어 나갈 때 관 뚜껑을 열게 하시고 **"청년아 내가 네게 말하노니 일어나라."** 이 또한 어떻게 되었지요? 살아서 일어났습니다.(눅 7:14~15) 아멘.

무덤에 들어 간지 나흘이 되어 썩은 냄새나는 나사로의 무덤의 돌을 옮겨 놓고 무엇을 하였는가요? **"나사로야 나오라."** 말씀하셨습니다. 어떻게 되었지요? 살아났습니다.(요 11:43)

주님이 안마를 한 것이 아닙니다. 안수도 하지 않으셨습니다. 말씀 한 마디 하니 죽은지 나흘이 되어 썩은 냄새나던 나사로가 살아서 나왔습니다. 성경은 뭐라고 합니까? **"나를 믿는 자는 내가 한 일을 저도 할 것이요 이 보다 더 큰 것도 하리니 내가 아버지께로 감이라."**(요 14:12)

예수님이 한 것을 우리 믿는 우리들도 할 것이라 했으니 우리도 말씀의 능력으로 살아야만 되는 것입니다. 말씀을 시인한다는 것 내가 꿈꾸고 믿은 바를 말씀으로 고백한다는 것은 위대한 창조적 변화를 가져오게 되는 것입니다. 또한 우리가 구원받는 것도 입술로 시인해야 구원을 받습니다. 그러므로 우리는 아래와 같은 능력의 말을 날마다 시인해야 합니다. 창조적인 말을 외치고 선포할 수 있어야 합니다. 그리고 성령이 활동케 하는 감동의 말을 내 입으로 말할 수 있어야 합니다. 마지막으로 사탄과 어두움의 세력을 제압할 수 있는 말을 선포해야 합니다.

적용 & 체험하기 – 치유의 구호 외치기

> 예수님께서는 구원자!,
> 예수님께서는 치유자!,
> 예수님께서는 성령님의 세례를 주는 자이다!
> 그리고 그 예수님께서는 다시 재림하신다!

베드로와 바울의 강력한 치유의 메시지 따라 명령하기

예수님께서 명령하시면 거친 바다가 잠잠해졌습니다.
예수님께서 명령하시면 귀신이 떠나가고 병자들이 고침을 받았습니다. 베드로는 성전 미문에서 구걸하는 앉은뱅이에게 명령했습니다. 이처럼 믿음으로 따라 명령하십시오.

사도행전 3:6

베드로가 이르되 은과 금은 내게 없거니와 내게 있는 이것을 네게 주노니 나사렛 예수 그리스도의 이름으로 일어나 걸으라 하고

사도행전 9:40

베드로가 사람을 다 내보내고 무릎을 꿇고 기도하고 돌이켜 시체를 향하여 이르되 다비다야 일어나라 하니 그가 눈을 떠 베드로를 보고 일어나 앉는지라

바울은 루스드라에서 앉은뱅이에게 큰 소리로 명령했습니다.

사도행전 14:10

큰 소리로 이르되 네 발로 바로 일어서라 하니 그 사람이 일어나 걷는지라

마가복음 16:17~18

믿는 자들에게는 이런 표적이 따르리니 곧 그들이 내 이름으로 귀신을 쫓아내며 새 방언을 말하며, 뱀을 집어올리며 무슨 독을 마실지라도 해

를 받지 아니하며 병든 사람에게 손을 얹은즉 나으리라 하시더라.

능력의 말로 스트레스 치료하기

스트레스 이기는 능력의 법칙

사람에게 있어 기쁨을 잃어버리면 정신적인 안정을 잃어버리게 된다. 그러므로 기쁨이 사라지면 그 자리에 근심이 들어와 그 근심으로 인해 우리 몸의 뼈가 마른다는 것이다.

"더러운 스트레스 영아, 우리 집에서 떠나라!"
"더러운 스트레스야, 내 몸에서 그리고 가족에서 떠나라!"

하나님은 우리의 머리를 통해 생각하시고, 우리의 말로 그의 생각을 실현하시며, 우리의 폐로 숨을 쉬시고 우리의 감정으로 느끼시며, 동시에 우리의 병든 몸을 치료하십니다.

하나님은 또한 생명과 지성, 권능, 치유 능력으로 충만하신 분이십니다. 만일 하나님이 병이 나으라고 말씀하시면 말씀은 곧 우리의 몸에 작용하여 다시 건강해집니다. 그렇다면 이 세상의 수많은 고통과 질병은 왜 아직도 사라지지 않는 걸까요? 그것은 인간이 의심을 거두지 않았기 때문입니다. 인간의 두려움과 분노, 조급함, 증오, 교만, 허영, 그리고 원한이 하나님에 대한 믿음을 스스로 어둠과 파괴의 나락으로 이끌었기 때문입니다.

잠언 17:22
마음의 즐거움은 양약이라도 심령의 근심은 뼈를 마르게 하느니라.

그렇습니다. 현대사회는 사는 것 그 자체가 스트레스일 수 있습니다. 사람이 수정되는 순간부터 먹고 사는 모든 것이 스트레스인데, 허나 말씀 안에서 완전히 치유함을 받을 수 있습니다. 오늘도 스트레스 받은 우리의 몸을 가장 좋은 몸으로 회복시켜 주실 것을 믿고 감사합니다.

과거에 비해 의학은 발달하고 좋은 의식주(衣食住) 안에서 사는데 환자는 더욱 많아지고 있습니다. 평균 수명이 늘어나고 있지만 스트레스는 감소되고 있지 않습니다. 과거에는 성인들만 걸리던 심장병, 고혈압, 당뇨병 들이 이제는 아이 어른 할 것 없이 무차별적으로 닥쳐옵니다. 그래서인지 질병의 원인 70%가 스트레스가 제공하는 것이며, 암의 원인 역시 스트레스가 주는 것입니다. 심지어 우울증, 자살 등도 다 스트레스라고 합니다. 그래서 스트레스를 "소리 없는 살인자" 또는 "인류의 적"으로 표현하기도 합니다.

관절염 유발 원인과 치료

사람에게 있어 기쁨을 잃어버리면 정신적인 안정을 잃어버리게 됩니다. 그러므로 기쁨이 사라지면 그 자리에 근심이 들어와 그 근심으로 인해 우리 몸의 뼈가 마른다는 것이 위 말씀의 내용입니다.

현대인들의 관절염 유발 원인 가운데 가장 일반적인 것은 결혼이나 사업에 실패한 데서 오는 깊은 절망과 비관의식이라고 합니다. 이들은 마음속 깊이 원한을 품고 있는데, 그 절망과 원한이 뼈를 상하게 하여 마침내 관절염을 가져온다는 것입니다. 관절염이 심한 사람이 아무리 관절염 치료약을 먹어도 낫지 않는 것은 이처럼 그 뿌리인 심령이 상했기 때문입니다. 그래서 마음에 원망과 미움이 있으면 백약이 무효한 것입니다. 따라서 참된 치료는 마음의 기쁨에 있습니다. 마음에 기쁨이 넘치면 놀라운 치료 효과가 우리 속에 나타나는 것입니다. 그러므로 기쁨은 삶의 부정적인 요소를 다 제하여 버리고 우리의 마음을 긍정적이고 적극적이며 창조적이고 생산적인 마음으로 만들어 줍니다.

고혈압과 심장병 발생 원인과 치유

마음이 소심하고 각박하며 상대에게 적대적인 사람은 마음이 병들기 쉽다는 것이 일반적인 견해입니다. 또한 언제나 자기를 합리화하며 사는 사람도 마음에 병들기 쉽다는 것입니다.

고혈압, 심장병 환자들이 공통점이 있는데, 그것은 바로 미움이라고 합니다. 남을 용서하지 못하여 마음속에 미움이 가득 차면, 그 미움이 마음을 항상 긴장시키고 그로 인해 혈압이 오르고 심장 발작으로 초래한다는 것입니다. 그 외에도 현대인들의 앓는 병의 약 70%가 마음을 지배하는 두려움, 증오, 근심 등에서 오는 것이라고 합니다. 따라서 우리가 건강하게 살기 위해서는 우리의 마음속에서 모든 두려움과 미움과 근심을 몰아내고 너그러운 마음으로 관용을 베풀며 살아야 합니다.

그래서 성경은 다음과 같은 말씀을 우리에게 주셨습니다.

마태복음 18:21-22
그 때에 베드로가 나아와 이르되 주여 형제가 내게 죄를 범하면 몇 번이나 용서하여 주리이까 일곱 번까지 하오리이까, 예수께서 이르시되 네게 이르노니 일곱 번뿐 아니라 일곱 번을 일흔 번까지라도 할지니라.

스트레스가 모든 병의 원인과 치료

다 알고 있듯이, 스트레스가 모든 병을 만드는 원인이라고 합니다.
스트레스가 쌓이면 암을 발생시키기도 하고 스트레스가 쌓이면 괜히 신경질을 내기도 하며 하루가 왠지 의욕이 없어진다고 합니다. 그러므로 스트레스가 우리의 몸에서 떠나야 한다. 어떻게 하면 될까요? 그 해답은 걱정하지 않으면 됩니다. 또는 늘 웃고 사는 삶을 살면 됩니다. 그러나 그게 그리 쉽지 않습니다.

그렇다면 가장 좋은 해결책은 무엇일까요?

가장 좋은 방법은, 기도야말로 최선의 스트레스 해소책입니다.

이 사실을 알고 있는가요? 많은 사람들이 늘 스트레스 가운데 살아가고 있습니다. 그런데 그 스트레스가 쌓이면 병의 근원이 된다는 사실 말입니다. 놀라운 사실은 이 스트레스를 해소할 수 있는 해결책이 있는데, 그것이 바로 기도라는 것입니다.

베드로는 그 해결책을 말씀으로 해주셨습니다.

베드로 전서 5:7
너희 염려를 다 주께 맡겨 버리라. 이는 저가 너희를 권고하심이니라.

여러분의 짐을 대신 져 주실 분이 있다는 것을 알고 있는가요?

예수님은 당신의 멍에는 물론이고 짐까지도 가볍게 해 줄 분입니다. 지금 당신의 짐을 예수님께 맡기면, 엄청난 부담에서 벗어날 수 있으며, 어떤 어려운 일에서도 평온하게 맞이할 수 있습니다. 지금 여러분의 짐을 예수님께 맡기십시오.

다음의 3가지 문제의 원인과 치료 방법을 아래에 적어 주시고, 그 내용을 가지고 기도해 주시기 바랍니다.

(1) 관절염 유발 원인과 치료

(2) 고혈압과 심장병 발생 원인과 치유

(3) 스트레스가 모든 병의 원인

09 실질적인 치유사역의 계시적 기도하기

다 함께 영으로 기도하시겠습니다.

예수의 이름으로 명하노니,
이 순간 깨끗이 치유되었음을 믿습니다.

"나는 하나님의 부름을 받고, 성부와 성자와 성령의 이름으로 안수 받은 목사(사역자)로서, 예수 그리스도의 치유의 권능을 힘입어, 여러분의 죄가, 문제가 그리고 질병이 완전히 이 순간 깨끗이 치유되었음을 믿습니다. 아멘.

지금부터 영을 의지하여 기도하겠습니다.

놀라운 기적과 은혜, 그리고 나음을 입게 될 것입니다.

그저 예수님의 이름으로, 사탄 마귀 귀신을 꾸짖고, 묶고, 결박하여 쫓아내는 영적 명령을 하면 됩니다. 그 공식도 이미 배웠듯이 쉽습니다.

"사탄아, 떠나라!"

이 대적기도, 치유기도가 효력이 있는 것은 이미 예수님께서 친히 우리의 모든 질병을 짊어지고 십자가에 목 박히셨으므로, 지금 우리는 나음을 입었습니다. 이것을 믿고 내 입술로 선포하시면 질병과 상처가 치유될 것입니다."

지금 눈을 감고 있으나, 생생한 하늘의 음성을 주십니다.
계시의 표징입니다. 다음의 말씀을 주십니다.
감사합니다. 나음을 입었습니다. 회복되었습니다.
치유되었습니다.
역사가 일어나고 있습니다. 아멘.
지금 시공간을 초월하여 고치시고 계십니다.
믿음대로 될지어다! 아멘.

1 이 기도는 매주 예배 때 치유기도와 대적기도 시간마다 주셨

던 영의 기도입니다. 그리고 치유기도 사역 아카데미와 부흥회 사역시 성령께서 주셨던 기도입니다. 그러므로 믿음으로 다음의 기도를 따라 읽으시면 나음을 입습니다. 고침을 받습니다.

특별히 지금도 영적 전쟁 가운데, 믿음의 방패를 높이든 모든 이들에게 이 영의 기도를 드립니다. 지금 믿음으로 외치십시오.

"사탄아, 물러가라! 떠나라! 가라!"

이처럼 특별한 순서와 규칙도 없습니다. 온전히 성령을 의지하여 영으로 기도하시면 됩니다. 지금도 주님은 사역하고 계십니다. 치유의 손길로 믿음의 사람들을 만지고 계십니다.

2 대적기도, 치유기도의 원리와 규칙 그리고 방법을 배웠으니, 이제 실질적으로 현장에서 마구마구 사용하십시오.

언제 어디에서나 "사탄아, 물러가라!" 사역하십시오. 이미 성령님이 우리와 함께하시므로 질병과 귀신을 쫓아낼 권세와 능력을 가지고 있습니다. 지금 이 믿음이 필요합니다. 여기 가르침대로 그리고 예수님이 하셨던 것처럼(마 4:10) 담대히, 자신있게, 확신을 갖고 사탄 마귀를 꾸짖고, 쫓아내며, 명령하십시오.

마치 자신 없고 확신 없는 사람처럼 비실비실하게 해서는 절대로 이길 수 없습니다. 저처럼(볼 수 없지만) 배에다 힘을 주고, 호흡을 깊게 들이마시고, 눈에가 힘을 주어 뿌릿뿌릿하게 뜨시고, 입은 아치형으로 크게 벌리고 힘있게 내 입술로 선포하십시오.

"사탄아, 물러가라!"
"사탄 마귀아, 당장 떠나갈지어다!"
"예수님의 이름으로 멸할지어다!"

3 먼저 내 주변에서 눈치를 보며 공격할 기회를 보고 있는 귀신들을 보시고 그들이 다른 협력할 귀신들을 데려오지 못하도록, 도움을 받지 못하도록 단호하게 그 능력을 보여주어야 합니다. 그래서 정체를 드러나게 하여 도망치게 해야 합니다. 협력했던 모든 것이 단절되어 흩어지게 됩니다. 귀신은 밝은 빛을 비추면 어둠이 사라지듯이, 그의 정체를 알아버리면 재빨리 그 자리를 떠나 도망을 갑니다.

예수 그리스도의 이름으로 명하노니, 외부의 귀신들은 들어라,
내 주변에 호시탐탐 염탐하고 있는 악한 영들은 주목하라,
지금부터 너희들의 협력과 도움을 예수님의 붉은 피로 단절되었음을 선포하노라, 단절되었노라, 끊어졌노라,
흩어질지어다.

예수님의 이름으로 너에게 명하노니,
너의 정체를 드러내라, 내가 예수님이 주신 그 능력으로 너의 정체를 알았노라.
지금 즉시 정체를 밝혀라! 정체를 드러내라!
넌 어떤 귀신이며 무슨 목적으로 이곳에 왔느냐?
하던 일과 계획을 멈추고 지금 즉시 떠나라!"

4 귀신은 죽이는 것이 아니라 멀리 쫓아내거나 떼어놓는 것입니다. 누가복음 말씀에 보면, 예수님이 따로 세워 보냈던 70인의 제자들이 사역을 마치고 신이나서 돌아와 예수님께 보고하기를 "다른 것으로 하지 않았고, 오직 주님의 이름을 의지하고 믿음으로(눅 10:17) '사탄아, 물러가라! 이곳에서 떠나라!' 했더니, 귀신들이 다 항복하고 떠나가 버렸습니다."

이처럼 우리에게는 사탄 마귀 그리고 그들의 하급 귀신들을 단번에 멸하고 파쇄하며 이길 수 있는 강력한 권능(눅 10:19)을 가지고 있음을 알아야합니다.

<u>누가복음 10장 17절</u> 말씀으로 전합니다.
주여, 주의 이름으로 귀신들도 우리에게 항복하더이다.

예수 그리스도의 보혈로 명령하노니,

하나님의 자녀로부터 떨어져라, 그리고 주님이 그 상처를 치유해 주실 것이다.

다시 너 악한 영에게 명령한다.

예수 그리스도의 이름으로 묶고 결박하여 꾸짖고 쫓아내노라,

더 이상 (ㄱ)를 고통을 주거나 다시 공격하는 것을 금지하노라.

허락하지 않노라!

5 그러므로 이 대적기도와 치유기도 사역 지침서를 읽고 소리 내어 담대하게 외치고 당신의 삶에 적용한다면 다음의 강력한 능력들이 나타날 것입니다. 확언합니다. 왜냐하면 이 영의 기도는 실전편이기 때문입니다. 곧바로 사탄 마귀에게 적용됩니다.

여러분들에게는 이미 권세가 주어졌습니다.

~ 생기의 힘이 나고 의욕이 생깁니다.
~ 몸에 유익하고 좋은 엔돌핀, 모르핀이 분비될 것입니다.
~ 대뇌의 놀라운 창의력, 발상력, 상상력 등 IQ, EQ, PQ가 개발됩니다.
~ 지금 하는 일이 더욱 잘 될 것입니다.
~ 삶의 지경과 경제의 지평을 넓혀주시는 하나님을 만나게 됩니다.

~ 팔자가 확 바뀌고, 운명이 바뀝니다.
~ 각가지 문제가 해결되고, 치유의 권세가 임합니다.
~ 부흥과 기적을 체험하게 됩니다.

특별히 하늘의 문이 열리어 계시, 신유, 축사, 투시, 통변, 예언 등의 은사를 받게 됩니다.

6 대적기도와 치유기도가 실질적으로 현장에서 먹히게 하기 위해서는 우선 사역자와 그 주변의 환경을 준비하는 단계가 필요합니다. 어떤 사역이든 다음의 순서를 7가지를 참고하여 적절히 활용하시기 바랍니다.

대적기도, 치유기도 사역의 준비단계

1) 회개의 기도

: 먼저 사역자는 어떤 사역이든 사역에 앞서 자신의 삶을 구별하고 거룩하게 분리시켜야 합니다. 영적으로 정리 정돈하는 회개의 기도를 통해 주님을 온전히 의지하여야 합니다. 함께 사역을 돕는 주변 사람들도 함께 회개의 기도를 드려야 합니다.

이는 내 안에, 또는 내 육에 묻어 있을 수 있는 쓰레기를 제거하는 것입니다. 그러므로 악한 영들이 공격하거나 해방할 빌미를 차단하는 것입니다.

2) 영(성령)의 임재를 위한 기도

: 사역자 모두는 다 성령께 덮여져 있어야 합니다. 성령님께 온전히 의지하고 그의 임재를 위해 기도해야 합니다. 그 사역 현장에 강력한 영의 임재와 나타나심이 있도록 말입니다. 환영하고 모셔드리며 기대해야 합니다.

더 나아가 성령님께서 강력한 권세와 능력을 주시고 분별력과 통찰력, 능력을 주시기를 기도해야 합니다.

이는 항상 시작부터 끝까지, 사역 현장 전체를 성령께서 다스리고 주장할 수 있도록 초청하는 것이며 그 분이 사역을 인도하도록 해야 합니다.

3) 중보기도, 협력기도 팀이 있어야 함

: 반드시 대적기도, 치유기도는 중보기와 협력기도 등 기도의 동력자들이 있어야 합니다. 더 많은 중보기도를 위해 전화로 중보기도를 부탁하여 시간과 공간을 초월한 기도 협력이 있어야 합니다. 영적전쟁은 기도의 싸움이기 때문입니다.

4) 사역자와 가족을 보호하는 기도

: 반드시 귀신들은 복수할 대상을 찾는데, 그 대상으로 사역자의 가족이나 주변 인물을 공격합니다. 그러므로 가족과 돕는 사역자, 그리고 재산이나 환경을 위해 기도하는 시간을 가져서, 예수님의 피로 보호벽을 쳐 두어야 합니다.

보호를 위한 기도를 하십시오. 그리고 내담자가 이상한 행동이나 기이한 짓을 행하지 못하도록 금하는 명령을 하십시오.

5) 천사의 도움과 보호를 위해 기도

: 영적전쟁은 반드시 선악의 대쟁투입니다. 즉 사탄과 천사의 싸움이기에 천사의 보호와 도움을 청해야 하며, 사탄 마귀가 다른 귀신들을 데리고 오지 못하도록 예수 그리스도의 이름으로 금지하는 명령을 해야 합니다. 그리고 그들이 패배하여 돌아갔다가 다시 돌아와 공격하는 것을 무효화해야 합니다. 다른 악한 영들을 데리고 오는 것을 금해야 합니다.

6) 말씀과 예수님의 이름을 기초한 기도

: 영적전쟁에서 강력한 검과 방패는 말씀과 주님의 피 입니다. 그러므로 대적기도, 치유기도시 처음부터 끝까지 말씀과 보혈을 기초한 사역이어야 합니다. 반드시 예수의 이름으로 행해야합니다.

말씀과 주님의 이름으로, 악한 영을 취조할 수 있으며, 명령하여 그들의 권리를 제거할 수 있습니다. 그리고 사역의 마침은 내담자를 축복하고 위로해야 합니다.

예수 그리스도의 이름으로 내가 네게 명하노니,
(음욕)의 귀신아!
이 사람에게서 당장 떠나가라!

7 예수님의 이름을 의지하여 믿음으로 선포하실 때 신적치유와 기적이 일어납니다. 믿음을 가지고 날마다 순간순간마다 기도하십시오. 성령을 의지하여 기도합시다. 치유가 일어날 것입니다.
지금 저는 주님이 주시는 계시대로 입을 통해 선포합니다.

예수 그리스도의 이름으로 선포하노라,
우리 조상들이 나도 모르게 지은 죄들, 저지른 맹세들, 귀신들에게 바쳤던 헌신들, 그리고 저주들에 대한 모든 죄들을 지금 파기하노라.
그 계약을 예수님의 이름으로 파기하노라.
지금 조상들이 저지른 죄로 인해 우리 가정에 내려오는 큰 사고

나 사건, 참상 등, 그 흐름을 차단하고 파기하노라.

8 지금 장소나 상황에 관계없이 즉시 일어나 손을 들고 기도하십시오.

믿음으로, 성령으로 신적기도를 드리십시오.
신적 치유기도는 시간과 장소, 방법에는 문제가 되지 않습니다.
지금 사모함으로, 간절함으로 기도하십시오.
믿음으로 소리를 내어 기도하십시오.
일어나서 기도하십시오. 무릎 꿇고 기도하십시오.
성령님께 다 내어 드리십시오.

내 삶과 인생 주변에서 활동하는 모든 영역을 청소하는 사역을 하노라.
나사렛 예수 그리스도의 이름으로 명하노니,
내 인생의 영역에서 활동하거나 머물고 있는 악한 영들은, 지금 즉시 내 인생의 영역에서 활동할 권리가 없음으로 당장 나갈지어다. 떠날지어다. 떠나라!

9　차분히 이 영의 기도를 드리세요. 손을 들고 기도하세요.
여러분의 처한 상황과 문제에 관계없이 구원과 치유가 임할 것입니다. 치유의 은혜가 임할 것입니다.
갈급함으로, 사모함으로, 굶주림으로 성령님을 초대하고 환영하는 기도를 하십시오. 그 영이 오셔야 됩니다.

성령님 오시옵소서. 성령님을 환영합니다.
초청하며 기대합니다.
그리고 오셔서 도울 것을 인정합니다.
묶임과 결박에서 풀어주시어 자유함을 주실 것을 믿습니다.
오시어 나의 영 · 혼 · 육을 완전히 사로잡아 주옵소서.
성령님의 지배를 받을지어다.
성령님, 사랑합니다.

10　지금 분노의 영, 혈기의 영을 다스리라고 합니다.

내가 예수의 이름으로 명하노니,
혈기와 분노의 영을 결박하노라.
그리고 쫓아내노라.

불신의 영, 의심의 영은 예수의 이름으로 명하노니,
떠나갈지어다.
영원히 떠나갈지어다.

11 치유의 선포를 하십시오.

치유의 은혜를 누리게 될 것입니다. 하루에 3번씩 다음의 기도문을 읽고, 되새기며 선포하십시오. 기도함으로 성령님이 임재하실 것입니다.

눈물로, 소리 내어 기도하십시오. 신적 치유가 일어날 것입니다.

현상을 보지 말고 믿음으로 보시고 성령의 영에게 맞추어지기 바랍니다. 여러분의 모든 문제를 십자가에 못 박으시고 내려놓으십시오.

오직 하나님만을 영화롭게 하십시오.

주님, 오시옵소서.
환영합니다. 성령님, 지금 이곳에 오시어 묶임으로부터 해방과 자유를 주옵소서.
오직 당신만을 영화롭게 하기를 원합니다.
당신의 의와 평화와 권능으로 채워주옵소서.
신실함으로 의심 없이 기도하기를 원합니다.
할렐루야!!

12 성경 이사야 53장 4절 "그는 실로 우리의 질고를 지고 우리의 슬픔을 당하였거늘 우리는 생각하기를 그는 징벌을 받아 하나님께 맞으며 고난을 당한다 하였노라" 말씀을 주시니 감사합니다.

이 말씀을 의거하여 (당신이) 지금 나음을 입었음을 선포하노라,
아픈 곳에 우리 주 예수 그리스도의 보혈을 덮으노라,
온전히 치유되었음을 예수 그리스도의 이름으로 선포하노라,
고린도후서 5장 17절 "그런즉 누구든지 그리스도 안에 있으면 새로운 피조물이라 이전 것은 지나갔으니 보라 새 것이 되었도다"
말씀으로 (   )을 묶고 있는 우울감은 영원히 떠날갈지어다.
나를 사로잡고 있는 불안, 근심, 걱정, 염려, 두려움, 수치심, 거절감, 열등감은 들으라,
예수님의 이름으로 명하노니,
지금 나의 영혼으로부터 영원히 떠나라,
이제 자유케 되었음을, 묶임으로부터 해방되었음을 예수 그리스도의 이름으로 선포하노라,

13 주님, 음성을 듣기를 원합니다.

주님, 보기를 원합니다.

주님의 임재 속으로 들어가기를 원합니다.

지금도 저에게 말씀하시는 그 음성을 하나도 놓치기를 원치 않습니다.

말씀하옵소서, 내가 듣겠나이다.

주시옵소서. 내가 귀를 세워 듣겠나이다.

하나님의 영광이 임하여주옵소서.

14 예수님 사랑합니다.

성령님 사랑합니다.

당신의 압도적인 사랑으로 내가 무릎을 꿇어 기도합니다.

지금 간절함으로 기도하오니, 이곳에 오시옵소서.

머리끝부터 발끝까지 임하여 주옵소서.

특별히 염려, 근심, 걱정, 두려움을 떠나가게 하옵소서.

굳은, 꽉 닫힌 문을 활짝 열어주옵소서.

15 주님, 내가 치유 받아야 할 이유가 있나이다.

주님, 내가 생명을 연장해야 할 이유가 있나이다.

주님, 내가 건강해야 할 이유가 있나이다.

주님, 내가 문제 해결 받기를 원합니다.

그 이유는 지금까지 주님의 영광을 위해 살지 못했기 때문입니다.

16

주님이 시공간을 초월하는 능력의 계시해 주십니다.

믿음대로 될지어다.

대장에 문제가 있는 분을 지금 만지시고 계십니다.

깨끗이 나음을 입을 것입니다.

어깨 결림을 치유하고 계십니다.

예수님, 치유해 주십시오. 어깨의 통증과 근육이완이 해소해 주십시오.

지금 주님께서 오른쪽 팔의 통증을 치유하고 있습니다.

주님께서 허리를 펴고 있습니다. 고질적인 허리의 통증을 치유하고 계십니다.

주님께서 관절염으로 고통 받는 사람들을 만지고 계십니다.

간염을 하나님께서 만지고 계십니다.

계속하여서, 주님은 목 뒤의 통증을 치료하고 계십니다.

오른쪽 발목을 만지고 있습니다.

식도염을 치료하고 있습니다.
환청을 이 시간 치유하고 계십니다.
예수님의 이름으로 명하노니,
이 시간에 묶임에서 자유케 될지어다.
예수님의 이름으로 악한 영은 떠나지어다.
나을지어다.
각가지 중독을 이 시간 하나님이 만지시기를 원하십니다.
이미 깨끗하게 치유될지어다.

17 주님, 나에게 기회를 주시옵소서.
새로운 피조물로 살기를 원합니다.
새롭게 되기를 원합니다.
깨끗해지기를 원합니다.
새롭게 세워 주옵소서.
주님의 보혈로 덮어주옵소서.

18 성령님, 내 안에 좌정하여 주옵소서.
성령님을 초대하고 모셔드립니다. 그리고 의지합니다.

기대합니다.

주님, 나를 통해 영광 받으시옵소서.

예수님 죽도록 사랑합니다.

성령님 기대합니다.

주님 환영합니다.

주님 이 시간에 영적 돌파가 일어나게 하옵소서.

주님 이 곳에 오셔서, 내 삶에 변화를 갖기를 원합니다.

19 주님, 치유자이신 예수님!

이 시간 고질적인 척추질환을 고쳐 주시기를 원합니다.

지금 유방암으로 주님의 치유 영이 임하고 계십니다.

혈액순환의 문제를 치유하시기를 원하십니다.

감사합니다.

폐의 질환을 하나님이 만지시기를 원합니다.

이 시간 그곳으로 성령의 영이 임하고 계십니다.

믿음대로 행동하세요.

예수의 이름으로, 깨끗하게 될지어다.

치유될지어다.

20 영혼 구원을 원하십니다.

영혼 구원, 참 믿음으로 먼저 원하십니다.

십자가의 믿음을 보시고 치유하시기를 원하십니다.

지금 회개를 원하십니다.

회개하는 자를 치유해 주시고자 합니다.

환부를 치유하는 것보다 회개가 먼저입니다.

지금 회개를 통해 치유해 주시기 원하십니다.

죄를 가지고 있음으로 치유가 지연되고 있습니다.

지금 당신의 죄를 고백하시고, 보혈의 피로 덮어주시기를 기도하세요.

온전한 의지함으로 죄를 물리쳐야 합니다.

21 여러분의 입술은 능력이 있으니, 담대하게 입을 열어 선포하십시오.

주님의 기적을 사모하는 자녀들에게 기적을 베풀어 주옵소서.

주님께서 채찍을 받음으로 내가 나음을 입었습니다.

지금 믿음으로 움직이고 행동하십시오.

아픈 곳에 신적 치유가 들어갈지어다.

이 시간 치유되었습니다.
믿음으로 선포하십시오.

22 주님께서 채찍을 받음으로 내가 나음을 입었습니다.
지금 눈을 고쳐 주시기를 원하십니다.
주님께서 눈을 만지시고 있습니다.
믿음으로 선포하심시오.
예수님께서 온전케 하십니다.

23 지금 통증으로 힘들어하는 자를 치유해 주시고 있습니다.
예수님 감사합니다.
예수님께서 이미 나를 치유해 주셨습니다.
치유를 입었습니다.
머리가 맑아졌습니다.
어지러움이 없어졌습니다.
환시, 환청이 사라졌습니다.
팔목이 잘 움직입니다.
가슴에 뭉친 것이 풀렸습니다.

종양이 보이지 않습니다.
갑상선의 문제가 치유되었습니다.
내가 예수 그리스도의 이름으로 명하노니,
하나님의 말씀을 무시하고, 예수님의 말씀을 통제받지 않고,
독립적으로 존재하는 모든 더럽고 악한 신체의 세포와 조직은 그 증식과 자람을 멈출지어다.
내가 예수님의 보혈로 명하노니,
암 세포와 조직은 멸할지어다, 녹아 사라질지어다, 깨끗하게 없어질지어다.

24 지금 주님과의 관계 회복이 필요합니다.
치유는 회복이 먼저입니다.
하나님과의 관계가 회복되어야 합니다.
통성으로 기도하세요.
권세가 주어졌으니, 아픔과 문제를 놓고 예수님의 이름으로 기도하세요.
아픔과 문제를 놓고 기도하세요.
간절히 부르짖어 기도하세요.
눈을 감고 기도하십시오.

손을 편안하게 앞으로 내밀어 기도하십시오.
그러한 간절함이 있을 때 성령님이 임하는 것입니다.
이때 성령님이 치료하십시오.
눈을 감고 성령님을 의지하십시오.
성령님, 역사하십시오.
지금 성령님이 만지고 있으니, 좀 더 깊은 곳으로 성령님을 모셔 들이기 바랍니다.
믿음대로 될지어다.

25 말씀을 의지함으로 기도하세요.
주님이 치유하시기를 원하십니다. 믿음대로 역사하십니다.
지금도 시공간을 초월하여 기적이 일어나고 있습니다.
그 역사하심을 간증으로 주세요.
기억력이 회복됩니다.
의지력이 회복됩니다.
인내력이 회복됩니다.
창의력이 회복됩니다.
통찰력이 회복됩니다.
지금 기도의 영이 임하고 있습니다.

깊이 내 안에 임하고 계십니다.
성령님이 호흡으로, 숨결로 임하고 있습니다.
지금 여러분의 의지와 생각 없이 역사하고 있습니다.
더 깊이 임하고 있습니다.
위로부터 나에게 임하고 있습니다.
깊이 임하고 있습니다.

26 성령님을 의지합니다.
손가락에 저림 등을 치료해 주십니다.
부부의 갈등, 부부의 문제를 치유해 주시기 바랍니다.
관계를 회복해 주십니다.
악한 영을 떠나게 해 주옵소서.
주님 감사합니다.
주님의 생명을 부어 주옵소서.
나사렛 예수 그리스도의 이름으로 명하노니,
더러운 영은 지금 떠나가라.

27 성령님, 임하여 주옵소서.

예수 그리스도의 이름으로 미움의 영, 용서하지 못함의 영을 떠나가게 하옵소서.

사랑의 영을 부어 주옵소서.

주님 감사합니다.

머리끝부터 발끝까지 사랑의 영을 부어 주옵소서.

배, 배가 부풀어진 것을 고쳐주십니다.

몸의 차고 절리고 시린 것을 치유해 주십니다.

만성적인 유방의 통증을 치료해 주십니다.

지속적인 기도를 하시기 원합니다.

그 통증을 치료하시기 바랍니다.

치료하십니다.

28 지금 현상적으로 변화가 없다할지라도 믿음으로 말씀을 취한다면, 그리고 선포하고 믿음을 가진다면 내일이라도 분명히 치유될 것입니다.

믿는 대로 행동한다면 분명히 신적치유가 일어날 것입니다.

이 기도문을 읽을 때, 동일하게 신적치유가 일어날 것입니다.

묶여 있는 모든 것이 끊어질 것입니다.

할렐루야,

할렐루야 감사합니다.

지금 상황과 위치에 관계없이 기도문을 통해 치유해 주십시오.

시공간을 초월하여 임재하시며 치료하십시오.

지금 믿음대로 역사하십시오.

29 성령님은 무소부재하심으로 역사하십니다.

성령님 임하여 주옵소서.

주님의 영광으로 임하여 주옵소서.

예수 그리스도의 이름으로 임하여 주옵소서.

특별히 환부에 치유의 빛으로 임하여 주옵소서.

30 지금 믿음으로 취하는 자들이 있사오니,

책을 함께하며 믿음으로 읽는 자, 반복하는 자에게 임하게 치유하여 주옵소서.

예수 그리스도의 이름으로 치유될지어다.

온전케 될지어다,

치유함을 입었도다.

회복되었습니다.

믿음으로 보시고, 이미 깨끗함을 받았습니다.

감사합니다.

31 예수만이 치유자이십니다.

그 사실을 믿습니다. 한 치의 의심도 없이 믿습니다.

십자가에 못 박히시고 피흘림으로 나의 죄를 완전히 덮어 주셨음을 믿습니다.

기적 같은 일이 일어나고 있습니다.

서울, 대전, 부산, 용인, 인천 등에서 치유가 일어나고 있습니다.

지금 주님이 만지고 있습니다.

그러니 포기하지 마시고, 하나님의 통치가 있기를 위해 기도하십시오.

성령님이 임하시기를 기도합시다.

성령의 음성을 아멘을 받으십시오.

믿음으로 움직일 때, 치료해 주십니다.

믿음대로 역사해 주십니다.

지금도 여러 곳에서 치유가 일어나고 있습니다.

성령님의 무소부재하심으로 지금 치유해 주십니다.

부산에서, 대전에서, 평택에서, 의정부에서, 광주에서, 질병이 낫고 있습니다. 치유가 일어나고 있습니다.
하나님의 뜻에 순종하십시오.

32 하나님의 영광을 위해 치유되기를 원합니다.
고백하십시오.
예수님께서 채찍으로 고통을 받음으로 내가 치유되었습니다.
내 믿음대로 될지어다.
입으로 고백하십시오.

33 주님의 영으로 말합니다. 지금 그 자리에서 일어나 움직이십시오.
뛰면서 기도하세요.
찬양을 부르면서 기도하세요.
나사렛 예수 그리스도의 이름으로 명하노니.
악한 병마는 떠나갈 지어다.
떠나가, 사라져, 없어질 지어다.
치유가 되었습니다.
회복되었습니다. 나았습니다.

온전케 되었습니다.
성령님이 함께하고 있습니다.
지금 당신이 있는 곳에 하나님의 영광이 가득하고 있습니다.
그 성령님을 놓치지 말고 붙잡아 주소서.

34 걸음의 회복이 치유되었습니다.
가슴의 종양이 치료되었습니다.
성령님, 임하여 주소서.
더러운 암 종양은 떠나갈지어다. 말라비틀어질지어다. 사라질지어다.
예수의 이름으로 떠나갈지어다.
환청과 환시는 사라질지어다.
내 삶을 고통을 주는 환청과 환시는 치료될지어다.
성령님 임하여 주옵소서.
인대가 늘어난 것을 정상적으로 회복될지어다.
팔 다리의 인대가 제 자리로 돌아올지어다.
성령님이 강력하게 역사하여 주옵소서.
내 전부를 성령님께 맡기며 치료해 주십니다.
부인과의 병이 치료해 주십니다.

영적인 갈급함이 채워주십니다.
치료해 주십니다.
통증이 사라졌습니다.

35 눈을 감고 편안하게 기도하세요. 손을 들고 기도하세요.
영으로 기도하세요.
성령님이 임하고 계십니다.
갑상선을 치료하고 계십니다.
남아 있는 종양을 치료하고 있습니다.
양성 종양이 사라질지어다.
예수님이 치료해 주십니다.
지금 만지고 있습니다.
주님 감사합니다. 고쳐주시니 감사합니다. 고맙습니다.

36 하나님은 병의 종류와 관계없이 치료해 주십니다.
예수님은 모든 것을 치료하실 수 있습니다.
예수님, 성령님, 오시옵소서.
당신만이 나의 치료자이십니다.

임하여 주옵소서.

주님, 이 시간에 환부에 불로, 능력으로 임하여 주옵소서.

암이 녹아질지어다.

더러운 질병, 병마는 예수님의 이름으로 명하노니.

묶임을 놓고 떠나갈지어다.

37 두 손을 들고 기도하세요.

통성으로 기도하세요.

끈질지게 기도하십시오.

이긴 자가 되게 하여 주옵소서.

믿음으로 하나님 보좌 앞으로 나온 자 마다 치료해 주옵소서.

기도합니다.

치유해 주옵소서.

치유자 그리스도를 증거하게 하옵소서.

이 시간 영적 돌파가 있게 하옵소서.

예수님의 이름으로 기도드립니다. 아멘.

주님, 치유해주시니 감사합니다.
이 시간 이미 깨끗이 치유되었음을 믿습니다.

38 실제 기도 따라하기

"할렐루야!

주님, 이곳에 하나님의 뜻대로 하나님 나라의 영광이 세워질 수 있도록 도와주옵소서. 평생에 아무리 노력을 해도 인간의 힘으로는 죄악을 사함 받을 수가 없습니다. 우리의 죄를 씻을 수가 없습니다.

그러나 하나님의 아들 예수님께로 나아가면, 그의 흘리신 보배로운 피로 말미암아 우리의 죄가 용서함을 받습니다. 죄가 사함을 받습니다.

죄의 정도에 상관없이 깨끗함을 받습니다. 그러므로 남자나 여자나, 노인이나 어린이나 예수님께로 나아오면, 구원을 받음을 믿습니다.

예수님을 믿기 전에 우리는 마귀의 종이었습니다.
마귀는 우리들을 하나님께로부터 멀리 멀리 끌고 갔습니다.
마귀는 우리 속에 세상으로 가득 채워 넣었습니다.
마귀는 우리가 하나님이 없이도 살 수 있다고 꼬드깁니다.
마귀는 예수님을 가까이 하지 못하도록 합니다.
마귀는 우리들이 다 지옥에 떨어지기를 원하고 있습니다.
그런데 하나님의 아들 예수님이 오셔서,
마귀를 이기셨습니다.
마귀를 쫓아냈습니다.

예수님을 구주로 모시면 우리의 속에서 마귀의 영이 물러갑니다.
예수님이 이 땅에 오신 것은, 마귀의 일을 멸하려 오신 것입니다.

예수님은 과거의 예수님이 아니십니다.
예수님은 장차 오실 예수님이 아니십니다.
예수님은 지금 우리와 함께하고 계신 분이십니다.
예수님은 지금 내 안에 내주하고 계십니다.
예수님은 죽은 하나님이 아닙니다.
부활하시고 살아계신 하나님의 아들이십니다.
지금도 우리를 위해서 기적을 베풀어 주십니다.

예수님은 이 땅에 계시면서 3분의 2는 병을 고치시는 일로 보냈습니다.
예수님은 문둥병 환자들을 고쳐주셨습니다.
예수님은 중풍병자들도 고쳐주셨습니다.
예수님은 귀머거리와 벙어리들을 고쳐주셨습니다.
예수님은 죽은 자도 살리셨습니다.
예수님은 병자들을 한 사람도 돌려보내지 않았습니다.
주님은 모든 병자를 고쳐주셨습니다.
주님은 안식일에도 병자를 고쳐주셨습니다.

그래서 유대인들은 예수님을 죽이려고 했습니다.

그러나 예수님은 결심하고 병자들을 고쳤습니다.

예수님은 병을 고치시기 원하십니다.

왜냐하면 병은 하나님이 원하지 않기 때문입니다.

병은 하나님의 선물이 아닙니다.

그러므로 예수님은 가는 곳마다 병자를 고쳐주셨습니다.

예수님은 12제자에게 나가서 천국을 전하고 병을 고치라고 명령하셨습니다.

예수님은 두 사람, 두 사람씩 짝을 지어 72명을 보낼 때도, 천국 복음을 전하고 병을 고치라고 하였습니다.

예수님이 십자가에 올라가셨을 때, 병을 친히 지고 올라가셨습니다.

그러므로 여러분의 병은 2천 년 전에 예수님께서 이미 짊어지고 가셨습니다.

이제 예수님이 짊어지신 병을 여러분들이 짊어질 필요가 없습니다.

이제는 예수님의 이름으로 병을 고침 받아야 하는 것입니다.

예수님은 분명히 말씀하셨습니다.

마가복음 16:18

뱀을 집어올리며 무슨 독을 마실지라도 해를 받지 아니하며 병든 사람에게 손을 얹은즉 나으리라 하시더라 예수님은 어제나 오늘이나 영원토록 동일하십니다.

히브리서 13:8
예수 그리스도는 어제나 오늘이나 영원토록 동일하시니라

그러므로 예수님은 치료하시는 하나님이십니다.
기독교는 치료하는 종교입니다.
그래서 예수님이 우리 안에 들어오시면 인생이 달라지는 것입니다.
그러므로 여러분들이 믿기만 하면 주님의 치유의 권세가 나타나는 것입니다.
정신적인 앉은뱅이도 낫고, 육체적인 앉은뱅이도 낫습니다.
하늘과 땅을 지으신 우리 주 하나님은, 능치 못함이 없습니다.
성경은 말씀하시기를

마가복음 9:23
예수께서 이르시되 할 수 있거든이 무슨 말이냐 믿는 자에게는 능히 하지 못할 일이 없느니라 하시니

마태복음 9:29
예수께서 그들의 눈을 만지시며 이르시되 너희 믿음대로 되라 하시니

예수 그리스도는 오늘 여러분들을 치료하시기를 원하십니다.

왜냐하면, 위대하신 의사가 예수 그리스도이시기 때문입니다.

예수 그리스도가 우리 마음 가운데 오시면 슬픔을 쫓아내어 주십니다.

그리고 우리를 행복하게 만들어 주십니다.

기쁨으로 만들어주십니다.

여러분이 살아갈 힘과 용기를 공급하여 주십니다.

예수님은 좋으신 분이십니다.

예수님은 하나님이십니다.

십자가의 고통을 통해서 여러분들을 다 낫게 하셨습니다.

예수님은 오늘도 여러분들을 향해서 이렇게 말씀하십니다.

수고하고 무거운 짐진자들아 다 내게로 오라.

내가 너희를 쉬게 하리라.

주님은 죄인도 내게 오라고 말씀하십니다.

마귀에게 잡힌 자도 내게 오라고 하십니다.

병든 자도 오라고 합니다.

슬픈 자도 오라고 합니다.

가난한 자도 오라고 합니다.

절망한 자도 오라고 합니다.

죽은 자도 오라고 합니다.

주께서 우리를 변화시켜 주시겠다는 것입니다.
예수님은 오늘 여러분들 변화시키십니다.
예수님이 내 가슴 속에 계셔야 구원을 받고 치유받을 수 있습니다.
오늘 모두가 구원을 받고 하늘의 신령한 복을 누리시기 바랍니다.
저는 치료하지 못합니다.
그러나 예수님은 치료하십니다.

하나님 아버지, 믿음으로 아픈 곳에 손을 얹었습니다.
하나님 아버지의 능력과 권세로 모든 질병을 멸하여 주시옵소서.
예수님의 이름으로 고쳐주옵소서.
하나님의 놀라운 치유가 모든 사람들의 손을 통해서 나타나게 하옵소서.

악한 마귀 원수야!
나사렛 예수 그리스도의 이름으로 명하노니,
사람들의 몸에서 떠나갈지어다.
질병은 사라질지어다.
고통은 떠나갈지어다.

하나님 아버지!
우리 모든 형제 자매님들의 질병을 고쳐 주옵소서.
모든 사람들의 생애에 기적이 나타나게 하옵소서.
마음에 기쁨과 평안으로 채워주옵소서.
성령충만하게 하옵서서.
문제가 해결되게 하옵소서.
하나님의 복이 임하시게 하옵소서.
모두다 하나님의 영광을 체험하게 하옵소서.
우리 주 예수 그리스도의 이름으로 기도드립니다.
아멘.

부록 1
성경 암송의 구체적인 비법

　성경 읽기보다는 묵상이 한 걸음 더 나아간 것이고, 묵상보다는 암송이 한 걸음 더 나아간 것입니다. 이와 같은 과정을 반복하면 로고스의 말씀이 레마(rema)로 바뀌게 됩니다. 사실 말씀을 지속으로 읽고 암송하는 것은 마음 속에 심는 것과 같은 것입니다. 결국 말씀이 마음 속에 심어지면 그것은 씨가 되어 자랍니다. 그래서 아메리카 인디언들은 어떤 말을 만 번 이상 되풀이하면 그 일은 반드시 이루어진다고 믿습니다. 그래 예수님도 많은 말씀을 암송하여 사용하셨습니다. 우리가 말씀을 암송하는 것은 말씀을 사랑하는 행위인 것입니다.
　하나님은 지금도 말씀으로 살아계셔서 나에게 역사하십니다. 아멘.

함께 기도하겠습니다.

내가 이 시간, 나사렛 예수 그리스도의 이름으로 명하노니,
이 자녀를 속이고 그 마음을 붙들고 있는 염려, 걱정, 근심, 두려움, 공포, 불안, 슬픔과 우울, 불면증, 짓눌림, 가위눌림, 환청, 환시, 과거의 상처, 쓴 뿌리, 분노, 등 예수 그리스도의 이름으로 명하노니, 이 자녀로부터 떠날 갈지어다. 사라질지어다.

이 자녀를 묶고 있는 거짓, 불신, 미혹의 영은 들어라, 예수 그리스도의 이름으로 명하노니 떠나갈지어다.

나사렛 예수 그리스도의 이름으로 명하노니,
뇌암, 자궁암, 유방암, 췌장암, 폐암, 위암, 간암, 대장암, 근육암, 피부암, 갑상선암, 백혈병 등 이 더러운 각종 종양과 암들아, 하나님의 말씀에 통제받지 않고, 스스로 증식하는 이 모든 더럽고 악한 세포와 조직들, 신경과 혈관들은, 예수 그리스도의 이름으로 명하노니, 증식을 멈출지어다.
온전케 될지어다.

이 순간 깨끗이 치유되었음을 믿습니다. 아멘.

치유와 능력의 말씀을 운반하는 성경말씀

하나님의 말씀은 성령의 검을 사용하는 것과 같은 것입니다. 사실 말씀의 검을 제대로 사용하지 못하기 때문에 치유의 역사가 일어나지 않는 것입니다. 하나님의 말씀을 완전하기 때문에, 우리를 살리고, 치료하며 소성시키어 우리로 하여금 건강, 성공, 형통, 평탄, 풍요, 축복, 승리, 소망과 비전의 삶을 살 수 있게 하는 능력이 있음을 증거하는 훈련용 교재입니다. 그러기 위해서는 기본적으로 아래의 말씀을 읽고 이해하여서 완전히 암송해야 합니다.

말씀은 이스라엘 백성들에게 공급해 주었던 만나와 떡 같은 것입니다. 그래서 시편 기자는 형통의 비결은 **'말씀을 주야로 묵상하는 일이다'**고 하였습니다.(시편 1:2) 그리고 하나님의 말씀은 성령의 검으로 사용해야 합니다.

말씀이 검은 **"좌우에 날선 어떤 검보다도 예리하다"**고 하였습니다.(히 4:12) 그 능력은 **"혼과 영과 및 관절과 골수를 찔러 쪼개기까지 할"**정도입니다. 또 하나님의 말씀은 성령의 검으로써 마귀의 미혹과 궤계를 물리칠 수 있는 유일한 공격용 무기인 것입니다.(엡 6:17)

그래야 능력의 말씀은 읽고 의미를 알아 암송되어야 자신의 실제 삶의 현장에서 직접 누릴 수 있기 때문입니다. 특히 성경 구절의 뜻을 먼저 이해하고 그 말씀이 내 마음 속에 믿음으로 와 닿을 때까지 계속 외우고 묵상해 주시를 바랍니다.

다음은 성경 구절은 반드시 외워야 하고 또 자신의 마음 안에 반드시 새겨 두어야 합니다.

누가복음 10:19

내가 너희에게 뱀과 전갈을 밟으며 원수의 모든 능력을 제어할 권능을 주었으니 너희를 해칠 자가 결코 없으리라

민수기 14:9

다만 여호와를 거역하지는 말라 또 그 땅 백성을 두려워하지 말라 그들은 우리의 먹이라 그들의 보호자는 그들에게서 떠났고 여호와는 우리와 함께 하시느니라 그들을 두려워하지 말라 하니

마태복음 12:28

그러나 내가 하나님의 성령을 힘입어 귀신을 쫓아내는 것이면 하나님의 나라가 이미 너희에게 임하였느니라.

마태복음 28:18

예수께서 나아와 말씀하여 이르시되 하늘과 땅의 모든 권세를 내게 주셨으니

사도행전 16:18

~돌이켜 그 귀신에게 이르되 예수 그리스도의 이름으로 내가 네게 명하노니 그에게서 나오라 하니 귀신이 즉시 나오니라.

요한일서 4:4

자녀들아 너희는 하나님께 속하였고, 또 그들은 이기었나니 이는 너희 안에 계신 이가 세상에 있는 자보다 크심이라.

다음의 말씀은 치유에 관련된 성경 구절을 찾아 적어보시고, 그 말씀을 외우고 묵상해야 합니다. 나의 말씀이 되도록 외우십시오.

이사야 53:5

마태복음 8:17

베드로전서 2:24

마태복음 8:16

이사야 4:4

말라기 4:2

사도행전 10:38

디도서 3:5

말씀 암송의 능력

말씀을 읽는 것과 암송하는 것의 차이는 무엇인가요?
분명히 다른 것입니다. 말씀 암송은 우리 마음속에 심는 것입니다.

읽기	────→	묵상	────→	암송
(소리내어)		(마음에 새기는 것)		(능력, 힘)

예수님께서도 말씀을 암송하셨습니다. 사탄의 시험을 받으실 때 주님

은 말씀으로 이기셨습니다.(마 4:1~11) 성경 말씀은 시험자, 유혹자를 이겨내게 합니다.

유대인의 지혜를 보면, 말씀 암송 능력에 있습니다.
오늘도 그들은 신명기 6:4~9 말씀에 따라 하루에 매일 아침과 저녁에 이 말씀을 암송하여 낭송합니다.
하나님의 말씀을 암송하는 것은 거룩한 일입니다. 암송하는 과정은 나를 거룩하고 능력있는 사람으로 지족시켜 주며, 구속력 있는 거룩한 매임이 되는 것입니다.

▶ **금주의 암송말씀**

> **마태복음 11장 12절**
> 세례 요한의 때부터 지금까지 천국은 침노를 당하나니 침노하는 자는 빼앗느니라(개역개정)
>
> 세례자 요한 때부터 지금까지 하늘 나라는 폭행을 당해 왔다. 그리고 폭행을 쓰는 사람들이 하늘 나라를 빼앗으려고 한다.(공동번역)
>
> From the days of John the Baptist until now, the kingdom of heaven has been forcefully advancing, and forceful men lay hold of it.(NIV)

1) 우선 신구약 성경 목록을 암송한다.

성경 암송을 하기 전에 신구약 성경 목록을 외워서 성경을 빨리 찾는 훈련을 갖는 것이 좋습니다.

2) 성구를 이해한다.

암송을 하는데 그 구절이 우리에게 의미가 깊으면 깊을수록 그 구절은 더 쉽게 기억됩니다. 이를 위해서 암송구절을 자주 읽고, 밑줄을 그어 주고, 앞뒤 문맥을 이해는 하는 것도 중요합니다.

3) 암송 주제와 절을 정확하게 외운다.

먼저 암송 주제를 외웁니다. 그 다음은 본문 그리고 장, 절을 순서대로 정확하게 외웁니다.

4) 작은 단위로 나누어서 암송한다.

암송을 잘 하는 비결은, 긴 말씀도 짧게 나누어서 암송하면 정복할 수 있습니다. 즉 성구를 토막 냅니다. 먼저 첫 토막을 빠르게 소리 내어 암송하고, 그것이 익숙해지면 다음 토막을 그렇게 하고, 다시 익숙해지면 첫 토막과 두 번째 토막을 이어서 암송합니다.

<실전> - 말씀 암송 훈련하기

- 제목 : 침노하는 자
- 말씀 : 마태복음 11장 12절

"세례 요한의 때부터 지금까지 천국은 침노를 당하나니 침노하는 자는 빼앗느니라"

(1) 작게 나누기

세례 요한의 때부터 지금까지 /
천국은 침노를 당하나니 /
침노하는 자는 빼앗느니라 /

(2) 첫 번째 토막을 적고, 소리 내어 빠르게 다섯 번 암송하기

세례 요한의 때부터 지금까지 /
세례 요한의 때부터 지금까지 /
세례 요한의 때부터 지금까지 /
세례 요한의 때부터 지금까지 /
세례 요한의 때부터 지금까지 /

(3) 두 번째 토막을 적고, 소리 내어 빠르게 다섯 번 암송하기

천국은 침노를 당하나니 /

천국은 침노를 당하나니 /

천국은 침노를 당하나니 /

천국은 침노를 당하나니 /

천국은 침노를 당하나니 /

(4) 셋 번째 토막을 적고, 소리 내어 빠르게 다섯 번 암송하기

침노하는 자는 빼앗느니라 /

침노하는 자는 빼앗느니라 /

침노하는 자는 빼앗느니라 /

침노하는 자는 빼앗느니라 /

침노하는 자는 빼앗느니라 /

(5) 첫째, 둘째 두 토막을 연결하고 소리 내어 다섯 번 암송하기

세례 요한의 때부터 지금까지 / 천국은 침노를 당하나니 /

세례 요한의 때부터 지금까지 / 천국은 침노를 당하나니 /

세례 요한의 때부터 지금까지 / 천국은 침노를 당하나니 /

세례 요한의 때부터 지금까지 / 천국은 침노를 당하나니 /

세례 요한의 때부터 지금까지 / 천국은 침노를 당하나니 /

(6) 세 토막을 전부 연결하고 소리 내어 다섯 번 암송하기

세례 요한의 때부터 지금까지/ 천국은 침노를 당하나니/ 침노하는 자는 빼앗느니라/

세례 요한의 때부터 지금까지/ 천국은 침노를 당하나니/ 침노하는 자는 빼앗느니라/

세례 요한의 때부터 지금까지/ 천국은 침노를 당하나니/ 침노하는 자는 빼앗느니라/

세례 요한의 때부터 지금까지/ 천국은 침노를 당하나니/ 침노하는 자는 빼앗느니라/

세례 요한의 때부터 지금까지/ 천국은 침노를 당하나니/ 침노하는 자는 빼앗느니라/

이렇게 습관이 들여지고 나면 웬만한 문장은 힘들이지 않고, 암송할 수 있게 됩니다. 말씀 암송 능력으로 부흥사가 되고, 능력있는 성서적 설교자가 되는 것입니다.

5) 암송 카드를 항상 휴대하여 수시로 외운다.

항상 주머니나 가방 속에 암송 카드를 지니고 다니며 암송한 구절을 복습하는 것입니다. 기다리면서, 차 안에서, 전철 속에서 짬짬이 나는 자투리 시간을 활용하면 말씀 암송이 가능해집니다.

이것이 거룩한 매임으로 인도하는 훈련입니다.

6) 손과 눈, 입을 동원하여 외운다.

손을 움직이며 눈으로 보고 입으로 소리 내어 외워야 효과가 좋습니다.

7) 매일 매주 매월 암송 구절을 복습한다.

반복의 원리를 적용해야 합니다. 반복적인 연습이 성경 암송의 비결입니다. 반복을 통해 내 것이 되면 그때 자신감이 생깁니다.

▶ 다음 주의 암송말씀

> 로마서 10장 9~10절
> 네가 만일 네 입으로 예수를 주로 시인하며 또 하나님께서 그를 죽은 자 가운데서 살리신 것을 네 마음에 믿으면 구원을 받으리라 사람이 마음으로 믿어 의에 이르고 입으로 시인하여 구원에 이르느니라(개역개정)
>
> 예수는 주님이시라고 입으로 고백하고 또 하느님께서 예수를 죽은 자들 가운데서 다시 살리셨다는 것을 마음으로 믿는 사람은 구원을 받을 것입니다. 곧 마음으로 믿어서 하느님과 올바른 관계에 놓이게 되고 입으로 고백하여 구원을 얻게 됩니다.(공동번역)

> That if you confess with your mouth, "Jesus is Lord," and believe in your heart that God raised him from the dead, you will be saved. For it is with your heart that you believe and are justified, and it is with your mouth that you confess and are saved. (NIV)

더불어 성경의 중요 사건 이야기, 치유 말씀, 능력 말씀, 축복 말씀 등의 성경말씀을 미리 요점으로 적어놓고 묵상하고 말씀을 이해하여 암기하는 노트가 있어야 합니다. 그리고 늘 지니고 다니며 지속적으로 읽어주어야 합니다. 이것이 가장 완전한 말씀의 능력 설교자가 되는 지름길입니다.

부록 2
각 신체의 기능

각 신체의 위치

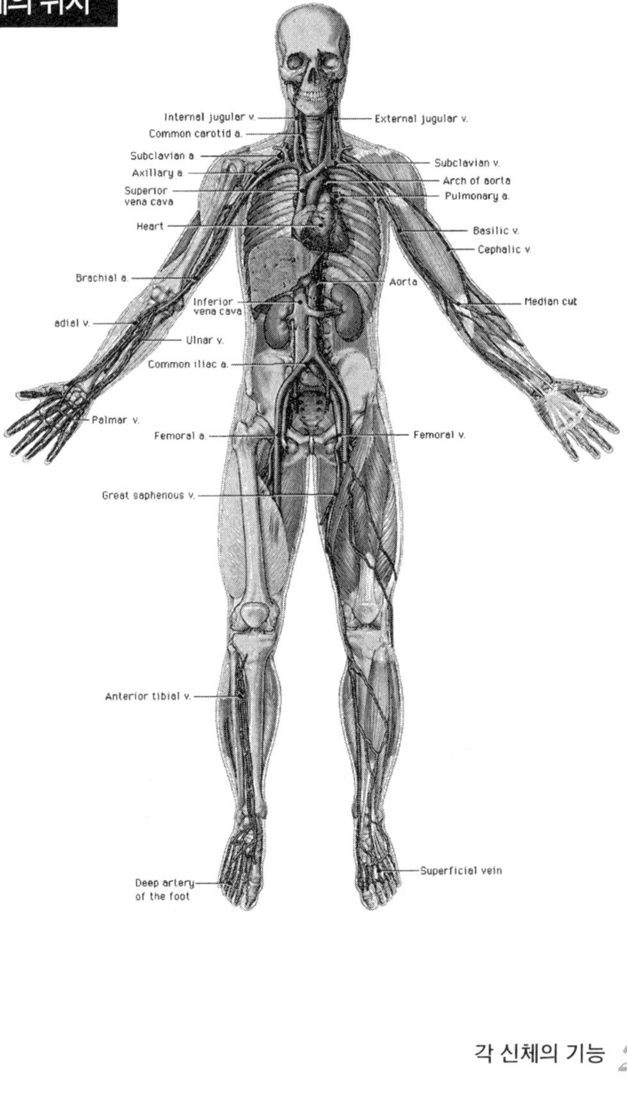

각 신체의 기능 *231*

[폐]

가슴 속에는 크게 폐와 심장이 있다고 볼 수 있다. 심장은 가운데에서 약간 왼쪽으로 치우쳐 가슴의 앞쪽에 위치하며 나머지 부분은 거의 폐가 차지하고 있다. 폐는 오른쪽 왼쪽에 각각 1개가 있으며, 폐의 아래쪽에는 가슴과 배를 나누는 횡격막이 있다.

숨을 들이 쉴 때 공기는 코나 입을 통해 들어가서 성대를 지나 "기관"으로 먼저 들어가게 된다.

기관은 오른쪽 기관지와 왼쪽 기관지로 나누어지게 되고 이 기관지는 더 작은 기관지로 갈라져서 폐와 이어져 있다.

폐는 폐포라 불리는 작은 공기 주머니로 이루어져 있다.

오른쪽 폐는 크게 3조각으로 나누어져 있고, 왼쪽 폐는 2조각으로 나누어져 있다. 이런 폐의 조각을 "엽" 이라 부른다. 따라서 오른쪽 폐는 우상엽, 우중엽, 우하엽으로 나누어지고, 왼쪽 폐는 좌상엽, 좌하엽으로

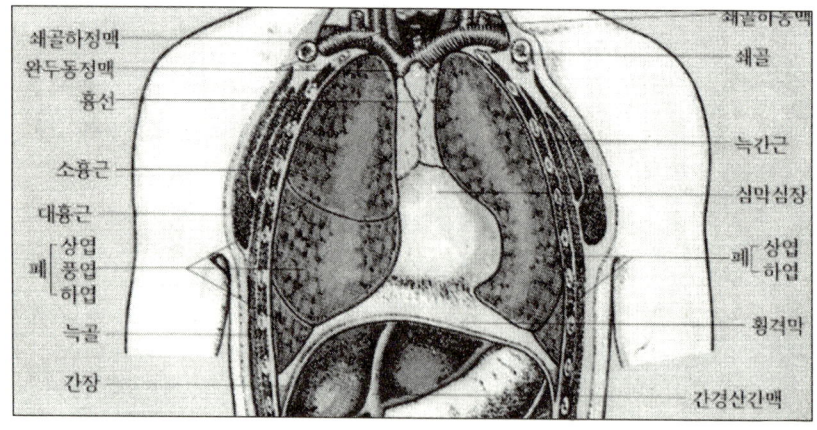

나누어진다.

폐는 늑막이라는 얇은 막에 둘러싸여 있다. 정상적으로 성인의 오른쪽 폐는 왼쪽보다 넓고 짧으며, 무게는 620g정도이고 폐기능의 55%를 담당한다. 왼쪽 폐의 무게는 560g 정도이다.

폐는 공기 중에서 산소를 혈액 속으로 받아들이고, 혈액 속의 노폐물인 이산화탄소를 공기 중으로 배출시키는 역할을 한다. 이를 호흡작용이라 부르며 생명 유지의 기본 기능이다. 폐에는 산소와 이산화탄소의 교환이 잘 일어날 수 있도록 작은 혈관들이 폐포를 둘러싸고 있다.

[심장]

심장은 무게가 200-420 그램 정도 되며, 세상에 존재하는 펌프 중에서 가장 효율적인 펌프이다. 심장은 생명이 다할 때까지 보통 수선이나 정비 없이 35억 회 이상 박동하게 된다. 이는 현존하는 어떤 고성능 펌프도 따라갈 수 없는 고효율 펌프라고 볼 수 있다. 심장은 양쪽 폐 사이

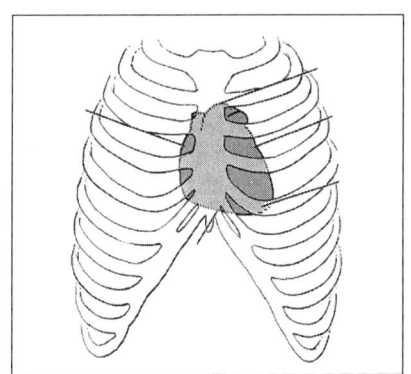
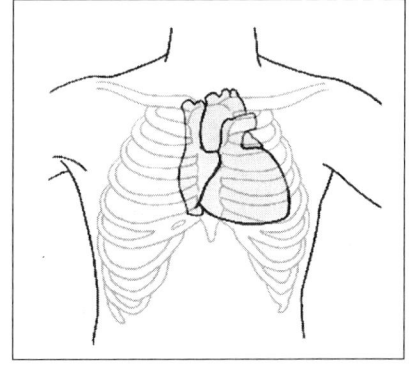

인 가슴의 중앙부에 위치하며 심장의 2/3는 가슴뼈의 왼쪽에 위치하고 1/3은 가슴뼈의 우측에 위치한다.

심장은 심낭이라는 독특한 덮개에 의해 보호된다. 심낭의 외벽은 심장에서 나오는 대동맥과 폐동맥의 근부를 둘러싸며 척추 뼈, 횡격막과 폐를 둘러싸고 있는 늑막과 인대로 붙어있어 심장에 가해치는 충격이나 쇼크를 흡수하는 역할을 한다. 심낭의 외벽은 내벽과 분리되는데 심낭 안에는 윤활유로 작용하는 액체가 약간 있다. 심낭의 내벽은 심근(심장근육)에 붙어 있다. 이와 같이 두 층으로 구성된 심낭은 심장이 수축할 때에는 몸에 단단히 붙어 있어 심장의 움직임을 원활하게 한다. 심장의 중앙부는 4 개의 방으로 구성된다.

위쪽에 있는 두 개의 방 중에서 오른 쪽에 있는 것이 우심방이며 다른 하나는 좌심방이다. 아래쪽에 위치하는 두 개의 방을 각각 우심실과 좌심실이라고 부른다. 우심방과 좌심방을 나누는 벽은 심방 중격이며 우심실과 좌심실을 나누는 벽을 심실 중격이라 한다.

[간]

간은 성인의 경우 남자1.5kg, 여자1.3kg 정도이며, 500-1000g의 혈액을 담고 있다. 종종 간장기내 온도는 외부기관에 비해 더 높아질 수도 있어, 어떤 간정맥은 40도에 이르기도 한다. 담낭은 간우엽에 있고 담낭의 길이는 7~10cm 정도 이다.

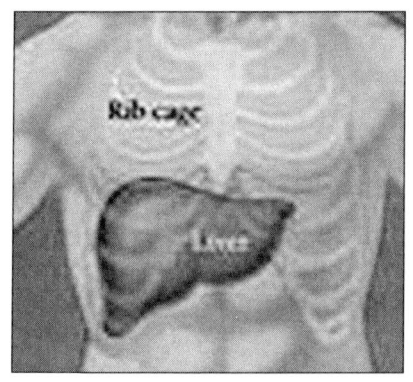 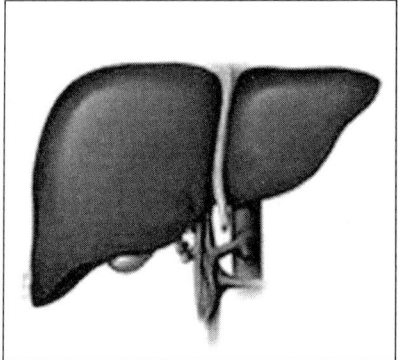

간은 서있는 자세에서 액와 중앙선에서 11번째 늑골까지 내려온다. 간 상단부분은 우측 횡격막의 가쪽으로 시작돼 우측 중간 쇄골라인에서 5번 늑골까지 차지한다. 좌측에서도 늑골 5, 6번 사이에서 중간 쇄골라인의 반쯤까지 차지한다.

늑골각과 흉곽 사이즈에 따라서 우엽은 검상돌기 3횡지 아래까지 내려오면서 좌엽으로 가면서 다시 늑골로 둘러싸인다. 후상방에서는 우측 늑골 8번의 하부부분과 흉추 8, 9번을 지나 간을 싸고 있다. 후하방에서는 간은 흉추12번 상부파트에서 우측늑골 11번을 따라 싸여 있다. 대개 간의 하부는 흉곽의 우측 하각에 제한돼 있다.

[신장·콩팥]

우리가 흔히 콩팥이라고 말하는 신장은 횡격막 아래, 척추의 양쪽(제12흉추에서 제 3 요추에 걸쳐)으로, 좌우 한 쌍으로 존재하는 장기로 후복막강이라고 하는 배의 뒤쪽(복막의 뒤)부분, 등 쪽에 고정되어 있다.

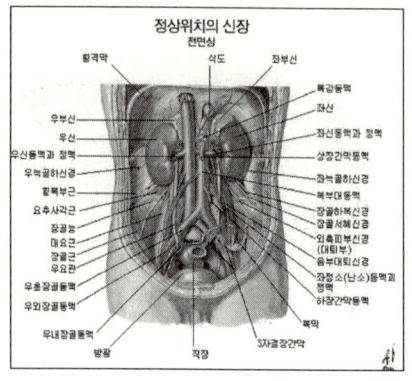 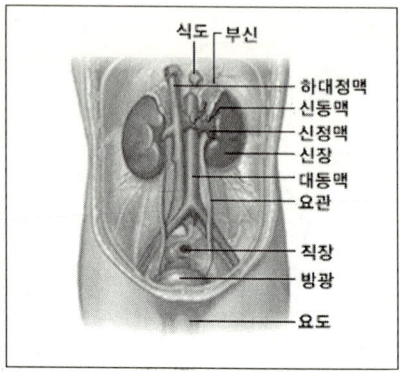

　신장은 아래쪽 갈비뼈들에 의해 보호되어 있으며, 신장의 위쪽에는 부신(우리 몸의 여러 호르몬을 분비하는 작은 장기입니다)이라고 하는 작은 장기가 모자를 쓴 것처럼 존재한다. 신장의 전면은 복막으로 덮여있고, 배 안의 여러 장기(췌장, 십이지장, 대장, 간, 비장, 위장 등)들과 인접해 있으며, 자율신경지배가 공통되는 부분이 많아 신질환이 있으면 흔히 위장관 증상이 나타난다. 신장은 적갈색의 완두콩 모양으로, 정상 성인에서 대략 어른 주먹정도 크기이다. 양쪽 신장의 위쪽에는 우리 몸의 여러 호르몬 분비에 관여하는 부신이 모자를 쓴 것처럼 위치하고 있다.

_감사합니다.

대적 치유 사역자 양성 및 자격증 취득
대적기도 · 치유기도 아카데미 과정

- 대상 : 신학생 전도사 선교사 목사 부흥사
- 일시 : 매주 월요일 저녁 5시~9시
- 장소 : 핸더슨크리스챤 대학교 한국교육원
- 위치 : 서울시 구로구 구로동 1126-14 301호

　※ 문의 : 011-347-3390 ※

서울성경대학원 교육과정

사역자 코칭 과정	대적기도 훈련 치유기도 훈련 성령사역 훈련 부흥사 양성과정	매주 월요일
설교 스피치 과정	설교스피치 설교작성법 설교전달법 강해설교 훈련과정	매주 월요일
성경대학원 과정	창세기 시편 사사기 요나서 베드로전후서 고린도전후서 사도행전 다니엘서 / 요한계시록 새신자 양육과정 리더 양육과정	금요일, 토요일
학위과정 선교사 양성과정	석사 박사 학위과정 목사, 선교사 양성과정	수요일 저녁 화요일

정병태 교수: 011.347.3390 www.hsr07.tv
 이메일: jbt6921@hanmail.net

신적 치유기도

초판인쇄 | 2013. 01. 25.
초판발행 | 2013. 02. 01.

지은이　| 정병태
펴낸이　| 정병태
펴낸곳　| 한사랑문화대학사
신고번호 | 제 2012-10 호
주소　　| 서울시 금천구 남부순환로 120길 22, B01호
　　　　　Tel. 011-347-3390
메일　　| jbt6921@hanmail.net

판권소유 | 한사랑문화대학사

이 책은 저작권법에 의해 보호를 받는 저작물이므로 무단전재 및 복제를 금합니다.
잘못 만들어진 책은 구입하신 서점에서 바꾸어 드립니다.

ISBN 978-89-969027-0-6　03230

값 12,500원